TANJA DUSY

BUDDHA BOWLS

für kalte Tage

ÜBER 50
WOHLFÜHL-
REZEPTE
RAMEN, SUPPEN
UND MEHR

EMF

EIN BUCH DER
EDITION MICHAEL FISCHER

INHALT

ENERGIE FÜR KALTE TAGE

Heiß und gesund: Diese bunten Winter-Bowls sind vollgepackt mit nahrhaften Zutaten, Vitaminen und Nährstoffen, die uns gerade in der kalten Jahreszeit so richtig gut tun. Winterblues ade!

Die Idee für die bunten Trend-Schüsseln stammt ursprünglich aus Asien, wo es in vielen Ländern traditionell mindestens einmal täglich eine sättigende Mahlzeit in der Schüssel gibt: kräutersatte vietnamesische Reisnudelschalen, koreanisches Bibimbap, Wok- und Currygerichte mit viel knackigem Gemüse, cremiges Linsen-Dal oder wohltuende Pho- oder Ramen-Suppen mit Nudeln.

Das Prinzip ist dabei immer gleich: Die Grundlage besteht meist aus Reis oder Getreide, auf der sich einander ergänzende, möglichst vielseitige Komponenten tummeln: Gekochtes und Rohes, Knackiges und Sämiges, Scharfes, Saures und Mildes, dazu cremige Saucen oder Dips, die vereint in einer Schüssel nicht nur eine harmonische Gesamtmahlzeit bilden, sondern Dank ihrer unterschiedlichen Aromen zu regelrechten Geschmacksexplosionen werden! So wird man nicht nur satt, sondern auch rundum glücklich denn hier werden Körper und Seele gewärmt!

Für den extra Energiekick sorgen außerdem viele frische Zutaten aus der asiatischen Küche, die unsere Abwehrkräfte jetzt gut gebrauchen können: frischer Ingwer und Knoblauch, eine Prise Chili-Schärfe, selbstgemachte Gemüsebrühe, Kimchi, eingelegtes Gemüse und vieles mehr!

Beginnen Sie den Tag mit einer sättigenden Smoothie-Bowl oder einer herzhaften Hirseschüssel mit gebratenen Tomaten. Mittags oder abends gönnen Sie sich dann eine üppige Reisschüssel mit Kichererbsen, warmem Gemüse, knackigem Salat und einer leckeren Sauce oder einen der wärmenden Eintöpfe und Suppen.

So wird jedes Essen zur genussvollen, runden Sache. Und das gute Gefühl hält an: Auch lange nach einer Bowl-Mahlzeit bleibt man angenehm satt und hat mehr Energie. Richtig gefüllt, stecken nämlich in jeder Schüssel alle wichtigen Nähr- und Vitalstoffe, die wir täglich brauchen. Keiner muss sich lange den Kopf zerbrechen, ob er nun vegetarisch oder low carb isst, und schon gar keine Kalorien zählen. Jede Bowl in diesem Buch ist als möglichst idealer Mix zusammengestellt. Erlaubt ist, was gefällt, und wer will, tauscht einfach einzelne Komponenten aus. So wird jeder auf seine ganz persönliche Art satt, glücklich und rundum zufrieden.

BUDDHA-BOWLS – EINE FÜR ALLES

RUNDUM GESUND

In einer Bowl steckt alles, was unser Körper täglich braucht – vorausgesetzt, wir stellen sie wie bei den Rezepten in diesem Buch schlau zusammen: als eine Mischung aus möglichst komplexen Kohlenhydraten, Protein – in Form von tierischem oder pflanzlichem Eiweiß – und jeder Menge Vitaminen, Mineralstoffen und sekundären Pflanzenstoffen aus frischem Grün. Das ist die perfekte Kombination, um auch in der kalten Jahreszeit schlank, gesund und auf leckere und angenehme Art lange satt zu bleiben.

Gemüse und ab und an Früchte bilden mit rund 50 % den größten Anteil jeder Schüssel; egal, ob gegart, als Rohkost oder als (Blatt-)Salat. Der Kohlenhydratanteil in Form von Getreide oder Hülsenfrüchten und der Anteil an Proteinen aus Fleisch, Fisch, Milch- oder Sojaprodukten liegt jeweils bei etwa 20–25 %. Und mit rund 10 % an hochwertigen Ölen, Nüssen und Saaten bekommen wir auf gesunde Weise unsere täglich benötigte Menge an Fett.

Nach diesem Prinzip lassen sich auch viele neue Bowls zusammenstellen oder Rezepte aus diesem Buch abwandeln und Zutaten austauschen.

MIX IT!

Mischen und austauschen ist also erlaubt und sogar erwünscht: Wer lieber vegetarisch isst, ersetzt Fleisch z. B. durch Tofu oder Linsen, Allergiker verwenden glutenfreie Quinoa anstatt Bulgur, und wer einmal keine Lust hat Gemüse zu kochen, mischt eine Handvoll geraspelte Möhren unter und streut zusätzlich noch ein paar gehackte Nüsse darüber.

Der Fantasie sind kaum Grenzen gesetzt und die Rezepte so gestaltet, dass die einzelnen Bestandteile bereits in der Zutatenliste praktisch getrennt aufgeführt werden. Dazu gibt es viele Tipps für schnellere oder mal etwas aufwendigere Varianten. Wichtig und sinnvoll ist es allerdings, speziell was Gemüse und Obst angeht, möglichst saisonal passende Sorten zu wählen – das wurde bei den Rezeptkombis in diesem Buch natürlich immer mit berücksichtigt.

Noch mehr Vielfalt gibt's dank der praktischen Grundrezepte zu beliebten Top-Zutaten im Winter mit verschiedenen Zubereitungsmöglichkeiten für Süßkartoffel, Rote Bete und Co. Diese finden Sie farblich abgehoben im Inhaltsverzeichnis.

DIE EINHEIT IN DER VIELFALT

Ein weiterer Punkt, den man berücksichtigen sollte, ist das Zusammenspiel verschiedener Aromen und Texturen: Jede Bowl sollte abwechslungsreich gebaut sein, sodass Frisches und Gekochtes, Rohkost und cremige Saucen, Scharfes, Süßes, Saures und auch mal Bitteres in gutem Verhältnis zueinander stehen. In den Küchen Asiens macht man das häufig fast instinktiv. Aber die Balance verschiedener Geschmacksrichtungen ist auch das Grundprinzip alter Gesundheitslehren wie der traditionellen chinesischen Medizin oder des indischen Ayurveda, die auf Ausgleich von Körper und Geist gleichermaßen zielen. Aber keine Angst, die muss keiner tief studieren:

Wer sich öfter eine Bowl gönnt, merkt ganz von selbst, wie gut so eine bunte Mischung tut. Ganz zu schweigen von dem unvergleichlichen Genuss, wenn scharfe Chilibohnen mit cremigem Joghurt-Dip gemildert werden, Nüsse knuspern, ein bisschen Zitrone den Gaumeln kitzelt und ihn mit Mangosüße versöhnt. Genießen Sie dieses Ess-Abenteuer!

ETWAS MÜHE, VIEL GEWINN

Zugegeben, Bowls machen etwas Arbeit. Aber dafür hat man auch eine rundum satt machende Mahlzeit mit dem Wohlfühl-und-Gesund-Plus. Man sollte sich also nicht davon abschrecken lassen, dass oft gleich vier oder fünf Komponenten aufgeführt sind. Wem das wirklich zu stressig ist, der lässt einfach mal eine Komponente weg oder kocht den „Short-Cut", indem er z. B. geröstete Kichererbsen durch einfache Kichererbsen direkt aus der Dose ersetzt oder, statt Salat mit Dressing anzumachen, einfach klein geschnittene Salatblätter unterhebt.

Gleichzeitig sind die Rezepte aber so strukturiert, dass man sich seine Bowl ganz gemütlich in einem zeitlich überschaubaren Rahmen bauen kann. Es gibt z. B. viele Ofengerichte, bei denen die Hauptarbeit der Herd macht, während man selbst in der Zwischenzeit Rohkost schnippelt, den Reis gart oder ein weiteres Gemüse wokt. Und wer dann noch etwas Eingelegtes im Kühlschrank hat, ist eh fein raus: Dann geht es noch schneller und bequemer.

Alle Bowl-Rezepte sind für eine Menge von 2 Portionen berechnet

Die Temperaturangaben beziehen sich auf das Backen mit Ober- und Unterhitze

LEGENDE

VEGETARISCH

FLEISCH

VEGAN

FISCH

GESUNDE KOHLENHYDRATE

Sie bilden die Basis jeder Bowl. Denn unser Körper ,und vor allem unser Gehirn, braucht Kohlenhydrate. Am besten in Form von sogenannten „komplexen" Kohlenhydraten, die der Organismus erst nach und nach aufschließen kann und die unseren Blutzuckerspiegel folglich nur langsam ansteigen lassen – ganz im Gegensatz zu einfachen „schnellen" Kohlenhydraten, wie z. B. Zucker, der uns zwar einen kurzen Energiekick verschafft, uns aber dann schnell ins nächste Hungerloch fallen lässt. Besser sind daher vor allem ballaststoffreiche (Vollwert-)Lebensmittel, die lange satt und zufrieden machen und uns durch die kalte Jahreszeit mit der nötigen Energie versorgen.

IDEALE KOHLENHYDRATE

Neutral und gut: Reis oder Nudeln, noch besser: Vollkornreis, Wildreismischung, Roter Reis

Schnell und unkompliziert: Bulgur, Couscous oder Zartweizen (Ebly®)

Voll und körnig: Hafer, Weizen, Dinkel, Gerste, Quinoa und Amarant (beide glutenfrei)

BLÄTTER UND SALATE

Bringen knackig roh reichlich Vitalstoffe, sorgen für angenehmen Biss und ergänzen gegartes Gemüse perfekt.

Klein und fein: Baby-Spinat, Baby-Mangold, Japanese Greens oder Babyleaves werden häufig im Frischeregal abgepackt angeboten

Frisch und vitaminreich: Kresse (oder andere Samenzöglinge, die im Kästchen angeboten werden) und Sprossen (von z. B. Radieschen, Alfalfa, Mungobohnen, Erbsen) sind in Sachen Vitalstoffe echte Powerpakete

Einfach Salat: alle frischen Sorten von Kopfsalat, Lollo rosso, Romana-Salat, Feldsalat, Rucola, Radicchio oder Endivie

GEMÜSE & OBST

Liefern je nach Sorte wenig oder etwas mehr Kohlenhydrate, dazu aber immer reichlich Vitamine, Mineral- und sekundäre Pflanzenstoffe, die für Gesundheit und Fitness unverzichtbar sind. Die meisten Nährstoffe bleiben erhalten, wenn man das Gemüse roh genießt oder nur kurz gart, sodass es noch Biss hat. Kohlenhydratreiche Gemüsesorten erkennt man häufig daran, dass sie süßlich schmecken und beim Kochen „mehliger“ werden (weil sie mehr Stärke, sprich Kohlenhydrate enthalten).

Herbst & Winter: Kürbis, Sellerie, Lauch, Wurzelspinat, Rote und Gelbe Bete (s. S. 16), Süßkartoffel (s. S. 18), Kohl (s. S. 20; Rot-, Weiß-, Grün- oder Schwarzkohl, Wirsing, Rosenkohl, Pak Choi), Mais

Außerdem: Pilze (Champignons, Austernpilze, Seitlinge) und „Seegemüse“, also (getrocknete) Algen

Schnelle Alternative aus dem Vorratsschrank: eingelegtes Gemüse und Kimchi (s. S. 22)

TIPP

Die meisten Wintergemüse lassen sich super im Ofen garen – geht schnell und gibt viel Aroma!

GESUNDE EIWEISSE

Eiweiße (oder Proteine) sind wesentlicher Baustoff für Muskeln, Knochen, Gefäße und sogar Blut – ohne sie könnten wir nicht existieren. Wir können sie sowohl aus tierischen wie auch aus pflanzlichen Quellen beziehen. Besonders vorteilhaft ist eine Kombination sich ergänzender Proteine aus beiden Bereichen.

TIERISCHE EIWEISSQUELLEN

Fleisch: Vorzugsweise in Bioqualität vom Rind und Lamm oder mageres, helles Geflügel wie Pute und Huhn – am besten kleine Filetstücke wählen, die sich zügig kurzbraten lassen

Fisch: Möglichst zertifizierte, nachhaltig gefischte Fische (auf das MSC-Siegel achten) oder Zuchtfisch – ideal sind fette Fische mit gesunden Omega-Fettsäuren wie Makrele oder Lachs

Meeresfrüchte: Garnelen, Krabben, Tintenfisch, Muscheln

Eier: Sie sind tolle Allrounder und sollten immer im Haus sein

Milchprodukte: Käse & Frischkäse, Joghurt, Quark – nicht nur aus Kuh-, sondern auch aus Ziegen- oder Schafsmilch

PFLANZLICHE EIWEISSQUELLEN

Aus Sojaprodukten: Tofu, Tempeh und Miso-Paste

Aus Hülsenfrüchten: Sojabohnen (getrocknet oder als frische Edamame), Bohnen, Linsen, Erbsen

Nüsse & Saaten: (s. Tipp)

Getreide: Quinoa, Amarant, Buchweizen und Hirse

TIPP

Legen Sie sich einen Nussvorat an: Mandeln, Hasel- oder Walnusskerne, Kürbis- oder Sonnenblumenkerne und Sesam sorgen für den extra Crunch in jeder Bowl!

GESUNDE FETTE

Fett macht in erster Linie nicht dick, sondern sorgt dafür, dass unser Organismus wie geschmiert läuft: Es liefert reichlich Energie, gesunde Fettsäuren und hilft uns, bestimmte Vitamine überhaupt erst verwerten zu können. Speziell Omega-3-Fettsäuren aus bestimmten Saaten, fettem Fisch, Eiern oder Avocado sind die beste Medizin und helfen gegen ungesundes Fett in Form von Cholesterin.

GUTE FETTE

Kaltgepresste Öle: Olivenöl, Raps-, Sesam oder Leinöl sind zwar nicht zum starken Erhitzen geeignet, aber ideal für Marinaden, Dips und Saucen oder zum Beträufeln

Kokosöl: enthält zwar reichlich gesättigtes Fett, allerdings in Form von gesunden MCT-Fettsäuren, die der Körper nicht als Fettzellen speichert

Oliven, Avocados

Nüsse & Saaten (s. Tipp)

Fetter Fisch: z. B. Lachs, Makrele und Sardinen

BUCHWEIZEN – WEISSE QUINOA – HIRSE – REIS

ZUTATEN

125 g der jeweiligen Getreidesorte

Salz

SO GEHT'S

1 125 g der jeweiligen Getreidesorte in 250 ml leicht gesalzenem Wasser (ein 1 : 2-Verhältnis Getreide zu Wasser) aufkochen, 1 Minute sprudelnd kochen lassen, dann auf kleiner Stufe zugedeckt 15–20 Minuten garen. Anschließend auf ausgeschalteter warmer Herdplatte weitere 10 Minuten ausquellen lassen.

TIPP

Quinoa sollte man generell vor dem Garen in einem feinem Sieb gründlich mit heißem Wasser durchspülen, um so die Bitterstoffe abzuwaschen, wobei weiße Quinoa wesentlich weniger davon enthält. Rote und schwarze Quinoa braucht etwas mehr Wasser als weiße (2 ½-fache Menge statt 2-fache: für 125 g also 380 ml).

Super easy:
Neu im Handel ist Basmatini-Reis: nur etwa halb so große Körner der beliebten Reissorte, die in 8–10 Minuten fertig garen!

NATURREIS

ZUTATEN

100 g Vollkornreis

Salz

SO GEHT'S

1 Den Reis mehrmals gründlich unter kaltem Wasser abspülen und 10–30 Minuten in kaltem Wasser einweichen lassen. In ein Sieb abgießen, nochmals spülen und abtropfen lassen. 220 ml Wasser aufkochen, leicht salzen und den Reis hineingeben. 2 Minuten sprudelnd kochen lassen, dann zugedeckt bei kleiner Hitze 30–40 Minuten garen. Anschließend auf ausgeschalteter warmer Herdplatte weitere 10 Minuten ausquellen lassen.

QUINOA-MIX

ZUTATEN

45 g rote Quinoa

60 g Hirse

20 g Buchweizen

SO GEHT'S

1 Die Quinoa in ein Sieb geben und gründlich unter heißem Wasser abbrausen, um die Bitterstoffe herauszuwaschen. In einem Topf 280 ml Wasser aufkochen und leicht salzen. Die Quinoa, die Hirse und den Buchweizen zugeben und 1 Minute sprudelnd kochen lassen. Dann zugedeckt bei kleiner Hitze 15–20 Minuten garen und 10–15 Minuten auf ausgeschalteter warmer Herdplatte ausquellen lassen.

COUSCOUS

ZUTATEN

120 g Instant-Couscous

¼ TL Salz

1 EL Olivenöl oder 1 TL Butter

SO GEHT'S

1 Den Instant-Couscous mit dem Salz in einen Topf geben. Im Wasserkocher 125 ml kochend heißes Wasser erhitzen und dieses daraufgießen. Auf kleinster Garstufe 5–10 Minuten quellen lassen. Dann 1 EL Olivenöl oder 1 TL Butter mit einer Gabel unterrühren und dabei den Couscous leicht auflockern. Zugedeckt auf der ausgeschalteten, noch warmen Herdplatte weitere 10 Minuten ausquellen lassen.

BULGUR

ZUTATEN

100 g Bulgur

150 ml Gemüsebrühe (nach Belieben)

Salz

SO GEHT'S

1 Den Bulgur mit 150 ml Wasser oder Gemüsebrühe in einen Topf geben. Aufkochen, Wasser salzen, 1–2 Minuten kochen lassen und anschließend 20–25 Minuten bei kleiner Hitze zugedeckt garen.

SUSHI-REIS

ZUTATEN

125 g Sushi-Reis

1 ½ EL Reisessig

1 EL Zucker

½ TL Salz

SO GEHT'S

1 Den Reis in eine große Schüssel geben und reichlich kaltes Wasser einlaufen lassen. Den Reis vorsichtig mit den Händen durchrühren, nicht zu fest, sonst brechen die Reiskörner. Sobald das Wasser milchig weiß ist, den Reis in ein Sieb abgießen und abtropfen lassen, wieder in die Schüssel geben und nochmals wässern. Diesen Vorgang zwei- bis fünfmal wiederholen, bis das Wasser fast klar bleibt. Nach dem letzten Waschgang den Reis in die Schüssel geben, Wasser zugeben und den Reis darin 30 Minuten quellen lassen.

2 Den nun bereits leicht gequollenen Reis in ein Sieb abgießen und nochmals mit kaltem Wasser abbrausen und abtropfen lassen. Den Reis mit 140 ml Wasser in einen Topf geben – der Topf sollte möglichst weit sein, damit der Reis auf breiter Fläche garen kann. Liegt zu viel Reis in einem schmalen Topf übereinander, bleibt die oberste Schicht im schlimmsten Fall hart und die untere wird matschig. Alles zugedeckt bei großer Hitze 1–2 Minuten aufkochen lassen, dann Hitze reduzieren und bei möglichst kleiner Hitze zugedeckt 10 Minuten garen, dabei den Topfdeckel geschlossen halten.

3 Den Topf anschließend vom Herd nehmen, den Deckel abnehmen. Ein sauberes Geschirrtuch über den Topf legen und den Reis so zugedeckt 15 Minuten auskühlen lassen. Währenddessen Essig, Zucker und Salz in einen kleinen Topf geben und unter Rühren erhitzen, bis sich der Zucker und das Salz vollständig aufgelöst haben, dann vom Herd nehmen und abkühlen lassen.

4 Den Reis in eine möglichst breite flache Schüssel mit höherem Rand geben und vorsichtig darin verteilen. Essigmischung über den handwarmen Reis träufeln und mit einem breiten Holzspatel verteilen: Dazu immer wieder vorsichtig, ohne den Reis zu drücken oder umzurühren, diagonale Linien durch den Reis ziehen – er sollte möglichst locker bleiben. Den Reis vollständig abkühlen lassen. Lässt man ihn bis zum Verarbeiten noch länger stehen, unbedingt ein feuchtes Geschirrtuch über die Schüssel legen, damit der Reis nicht austrocknet.

ROTE BETE

MIT KOKOS

ZUTATEN

2 EL Kokosraspel

2 kleine Rote Beten (ca. 180 g)

1 Schalotte

1 EL Kokosöl

¼ TL gemahlener Kreuzkümmel

Salz – Pfeffer

Chiliflocken

SO GEHT'S

1 Kokosraspel mit 5 EL kochend heißem Wasser übergießen, kurz ziehen lassen. Die Beten schälen (Gummihandschuhe tragen!) und grob raspeln. Schalotte schälen und fein würfeln.

2 Das Kokosöl in einer Pfanne erhitzen, darin die Schalotte zusammen mit dem Kreuzkümmel goldgelb andünsten. Die Rote Bete zugeben und unter Rühren 2–3 Minuten braten. Mit Salz, Pfeffer und Chiliflocken würzen. Kokosraspel samt Wasser zugeben und alles zugedeckt 7–8 Minuten garen, die Flüssigkeit sollte dabei vollständig verdunsten.

TIPP

Wer mag, nimmt anstelle von Kokosraspeln 2–3 EL geraspelte frische Kokosnuss (diese müssen nicht eingeweicht werden) – das schmeckt superintensiv!

AUS DEM OFEN

ZUTATEN

3 bunte Beten (à ca. 100 g; rot, gelb, geringelt)

4 Zweige Thymian

½ Knoblauchzehe

1 EL Olivenöl

Salz – Pfeffer

SO GEHT'S

1 Backofen auf 200 °C vorheizen. Die Beten schälen (Gummihandschuhe tragen!) und in 6 Spalten schneiden. Thymian waschen, trocken schütteln, Blättchen abzupfen und grob hacken. Knoblauch schälen und in Scheiben schneiden.

2 Alles mit Olivenöl vermengen, salzen, pfeffern und auf Backpapier legen. Das Papier zu einem Päckchen falten, das möglichst dicht verschlossen ist. Auf ein Backblech legen und im heißen Ofen (Mitte) 35–45 Minuten garen.

SCHNELLE PICKLES

ZUTATEN

1 Schalotte
100 ml Rotweinessig
2 ½ EL Zucker
½ TL Korianderkörner
2 Zweige Thymian
2 Rote Beten (à ca. 120 g)
Salz – Pfeffer
1 EL Olivenöl

SO GEHT'S

1 Schalotte schälen und in feine Ringe schneiden. Essig mit Zucker, 4 EL Wasser und Korianderkörnern in einen Topf geben und aufkochen lassen. Thymian und Schalotte zugeben und bei schwacher Hitze zugedeckt 10 Minuten köcheln lassen.

2 Inzwischen Beteknollen mit dem Sparschäler schälen, dann putzen und in möglichst feine Scheiben hobeln – dazu Gummihandschuhe tragen, die Knollen färben!

3 Den Würzessig mit Salz und Pfeffer abschmecken und die Hälfte der Roten Beten einlegen und 1–2 Minuten bei schwacher Hitze ziehen lassen. Beten herausheben, abtropfen lassen und die zweite Portion einlegen, ebenfalls 2 Minuten ziehen lassen. Dann die andere Hälfte wieder in den Topf geben, vom Herd nehmen und 1–2 Stunden zugedeckt darin abkühlen lassen.

4 Abgekühlte Beten herausnehmen, gut abtropfen lassen, mit etwas Salz und Pfeffer würzen und vor dem Servieren mit dem Olivenöl mischen.

SÜSSKARTOFFEL

AUS DER PFANNE

ZUTATEN

1 Süßkartoffel (ca. 400 g)

2 EL Kokosöl

Salz – Pfeffer

2 Msp. Chilipulver

SO GEHT'S

1 Die Süßkartoffel schälen, in kleine Würfel schneiden und in einen Dämpfeinsatz oder -korb geben. In einen Topf mit wenig Wasser setzen und 10–15 Minuten garen. Herausnehmen und trocken tupfen.

2 Kokosöl in einer beschichteten Pfanne erhitzen, darin die Süßkartoffelwürfel unter gelegentlichem Wenden 5–7 Minuten braten, mit Salz, Pfeffer und Chilipulver würzen.

AUS DEM OFEN

ZUTATEN

1 Süßkartoffel (300 g)

1 TL Butter oder 1 EL Olivenöl

Salz – Pfeffer

SO GEHT'S

1 Den Backofen auf 200 °C vorheizen. Die Süßkartoffel gründlich waschen und ringsherum mit einer Gabel mehrmals tief einstechen, auf ein Backblech – möglichst mit Alufolie ausgelegt – legen. Im heißen Ofen (Mitte) ca. 1 Stunde 15 Minuten garen, dabei einmal wenden. Wenn die Süßkartoffel sich leicht mit einem Messer einstechen lässt und sie beim Drücken weich nachgibt, ist sie gar.

2 Kartoffel aus dem Ofen nehmen, kurz auskühlen lassen, dann längs einschneiden und das Fruchtfleisch herauslöffeln. Mit einer Gabel das Fruchtfleisch zerdrücken und Butter oder Olivenöl untermengen, mit Salz und Pfeffer würzen.

GEGRILLT

ZUTATEN

1 Süßkartoffel (ca. 450 g)

Salz

1 Knoblauchzehe

¾ TL gemahlener Kreuzkümmel

2–3 Msp. Chilipulver

2 EL Limettensaft

1 TL Ahornsirup

3 EL Olivenöl

SO GEHT'S

1 Die Süßkartoffel schälen und in 2–2 ½ cm große Würfel schneiden. In einem Topf ausreichend Wasser erhitzen, salzen und die Süßkartoffel darin bei mittlerer Hitze 15–20 Minuten garen; sie sollte zwar weich sein (dazu mit einem spitzen Messer einstechen), aber nicht zu gar bzw. matschig. In ein Sieb abgießen und etwas abkühlen lassen.

2 Inzwischen Knoblauch schälen und durchpressen. Mit Kreuzkümmel, Chilipulver, Limettensaft, Ahornsirup und Öl gründlich verrühren. Die Süßkartoffel gut darin wenden.

3 Den Grill des Backofens auf höchster Stufe vorheizen. Süßkartoffel leicht abtropfen lassen, dabei die Marinade auffangen. Kartoffel auf ein mit Backpapier ausgelegtes Blech legen oder sie auf Holzspieße aufspießen und auf das Backpapier legen. Im heißen Ofen (oben) ca. 10 Minuten grillen, dabei ein- bis zweimal wenden, dabei mit der übrigen Marinade bestreichen.

KOHL

GEDÜNSTETER SCHWARZKOHL

ZUTATEN

350 g Schwarzkohl

½ Knoblauchzehe

2 EL Oliven- oder Kokosöl

Salz – Pfeffer

1 Spritzer Zitronensaft

SO GEHT'S

1 Den Kohl waschen und quer in Streifen schneiden, dabei dicke Strünke wegschneiden. Knoblauch schälen und fein hacken.

2 Das Öl in einem Topf erhitzen, darin den Knoblauch goldgelb dünsten. Kohl zugeben, salzen, pfeffern und unter Rühren kurz andünsten. 5–6 EL Wasser zugeben und bei mittlerer Hitze 7–10 Minuten garen. Mit Zitronensaft abschmecken.

TIPP

Auf diese Weise kann man auch Grünkohl zubereiten. Beiden Kohlsorten kann man einen asiatischen Touch verleihen, wenn man zusätzlich mit dem Knoblauch 1 klein gehackte Chilischote andünstet und mit 2 EL Sojasauce und dann Wasser ablöscht. Den fertigen Kohl mit Sesam bestreuen oder mit Sesamöl beträufeln.

GRÜNKOHL-CHIPS

ZUTATEN

200 g Grünkohl

2 EL Erdnussmus

2 EL Limettensaft

½ TL edelsüßes Paprikapulver

2–3 Msp. Chilipulver

Salz

SO GEHT'S

1 Ofen auf 120 °C vorheizen. Grünkohl waschen, die Blätter in kleine Stücke zupfen und trocken schleudern. Erdnussmus mit Limettensaft und 5–6 EL Wasser verrühren, Paprika- und Chilipulver und 1 kräftige Prise Salz unterrühren. Den Kohl mit dieser Paste mit den Händen verkneten.

2 Grünkohl auf ein mit Backpapier ausgelegtes Blech geben und im heißen Ofen (Mitte) 1 Stunde bis 1 Stunde 15 Minuten trocknen, dabei nach der Hälfte der Zeit einmal mit einem Löffel auflockern. Aus dem Ofen nehmen, abkühlen lassen und in einer luftdicht verschließbaren Dose aufbewahren.

ORANGEN-GRÜNKOHL

ZUTATEN

400 g Grünkohl

1 Schalotte

1 kleine rote Chilischote

2 Orangen

2 EL Olivenöl

Salz – Pfeffer

80 ml Gemüsebrühe

SO GEHT'S

1 Grünkohl waschen und trocken schütteln, die Blätter von den Stängeln zupfen. Schalotte schälen und klein würfeln. Chilischote halbieren, entkernen und fein hacken. Von einer Orange die Schale samt weißer Haut abschneiden, die Fruchtfilets aus den Trennhäuten schneiden, dabei den Saft auffangen. Die zweite Orange halbieren und den Saft auspressen.

2 Öl in einem Topf erhitzen, darin die Schalotte goldgelb andünsten. Chili und Grünkohl dazugeben und kurz unter Rühren mitdünsten. Mit gut der Hälfte Orangensaft ablöschen, salzen und pfeffern. Orangensaft fast verkochen lassen, dann Brühe zugießen. Zugedeckt bei mittlerer Hitze ca. 20 Minuten dünsten, dabei nach und nach übrigen Orangensaft zugießen. Gegen Garzeitende die Orangenspalten vorsichtig unterheben und warm werden lassen, mit Salz und Pfeffer abschmecken.

KIMCHI

ZUTATEN

300 g Chinakohl

150 g (Natur-)Meersalz (möglichst ungereinigt, unraffiniert)

2 EL getrocknete Garnelen (aus dem Asien-Laden)

1 kleine Zwiebel

4 Knoblauchzehen

5 g frischer Ingwer

1 kleiner Apfel

2 EL Reismehl (oder 3 EL gegarter Reis)

4 EL Fischsauce (z. B. Nam pla)

1 EL Zucker

ca. 70 g koreanisches Chilipulver (Gochugaru)

SO GEHT'S

1 Chinakohl längs halbieren, Strunk unten wegschneiden. Die Blätter gründlich waschen, dann quer in ca. 4 cm breite Streifen schneiden, die dicken Strunkteile einmal längs halbieren. Meersalz in etwas heißem Wasser auflösen, anschließend mit kaltem Wasser auf 1,5 l aufgießen. Chinakohl in eine große Schüssel geben und mit Salzwasser übergießen. Mit einem Brett oder Teller so beschweren, dass alles gut mit Wasser bedeckt ist, die Schüssel mit einem Tuch abdecken. Den Kohl 12 Stunden ziehen lassen; er muss weich und biegsam werden.

2 Am nächsten Tag die Würzpaste zubereiten: Dazu 200 ml Wasser aufkochen, die getrockneten Garnelen hineingeben und bei schwacher Hitze zugedeckt etwa 10 Minuten ziehen, anschließend abkühlen lassen.

3 Zwiebel, Knoblauch und Ingwer schälen und grob zerschneiden. Apfel waschen, vierteln, das Kerngehäuse entfernen und die Viertel ebenfalls grob zerschneiden. Alles mit den Garnelen samt Garsud in der Küchenmaschine fein pürieren. Reismehl oder Reis untermixen. Die Masse in eine Schüssel geben, Fischsauce, Zucker und nach Belieben Chilipulver unterrühren.

4 Chinakohl ins Waschbecken geben und in kaltem Wasser zwei- bis dreimal gut wässern, um das Salz herauszuwaschen. Die Blätter sollten aber dennoch angenehm salzig schmecken. Chinakohl gut abtropfen lassen und mit der Würzpaste vermengen (mit Einweg-Gummihandschuhen gut unterkneten). Nochmals abschmecken und die Würzpaste in ein großes Glas mit Bügelverschluss geben. Knapp 100 ml Wasser in die Schüssel geben und die Reste der Paste damit von der Schüssel lösen, dann das Wasser über den Kohl gießen, sodass er schön bedeckt ist und keine Luftblasen mehr im Glas sind. Den Deckel nur lose auflegen.

5 Das Kimchi nun 2–4 Tage bei Zimmertemperatur durchziehen lassen. Dann beginnt es im Regelfall zu gären: Es bilden sich Luftbläschen, die nach oben steigen, es „blubbert“ mehr oder weniger stark. Nun den Deckel verschließen, in den Kühlschrank stellen und dort weiter „reifen“ lassen (eventuell anfangs ab und zu den Deckel kurz öffnen, damit die Gärgase entweichen können). Man kann gut schon sofort davon essen, aber nach 1–2 Monaten schmeckt es am besten.

GOLDEN BLUMENKOHL-PICKLES

ZUTATEN

1 kleiner Blumenkohl (ca. 400 g)

40 g (Meer-)Salz

25 g frischer Ingwer

25 g frische Kurkumawurzel

1 Knoblauchzehe

150 ml Weißweinessig

1 EL Zucker

3 Msp. Chiliflocken

SO GEHT'S

1 Den Blumenkohl putzen, in kleine Röschen schneiden und in kaltem Wasser waschen. In eine Schüssel geben, mit Salz bestreuen und gut durchmischen. 24 Stunden zugedeckt im Kühlschrank ziehen lassen.

2 Ingwer, Kurkuma und Knoblauch schälen (dazu Gummihandschuhe tragen, der Kurkuma färbt), in dünne Scheiben schneiden und mit Essig, 150 ml Wasser und Zucker in einen Topf geben. Alles 3 Minuten sprudelnd aufkochen lassen, dann mit einem Schaumlöffel herausheben. Den Knoblauch herausfischen und wegwerfen.

3 Den Blumenkohl kalt abspülen und mit einem Tuch trocken tupfen. Mit Ingwer und Kurkuma in 2 saubere Twist-off-Gläser (à ca. 300 ml Inhalt) füllen. Essig nochmals mit Chiliflocken aufkochen und heiß über den Blumenkohl gießen. Gläser sofort verschließen und ca. 2 Wochen an einem kühlen Ort ziehen lassen. Sie halten ungeöffnet 1 Monat.

BREAKFAST BOWLS

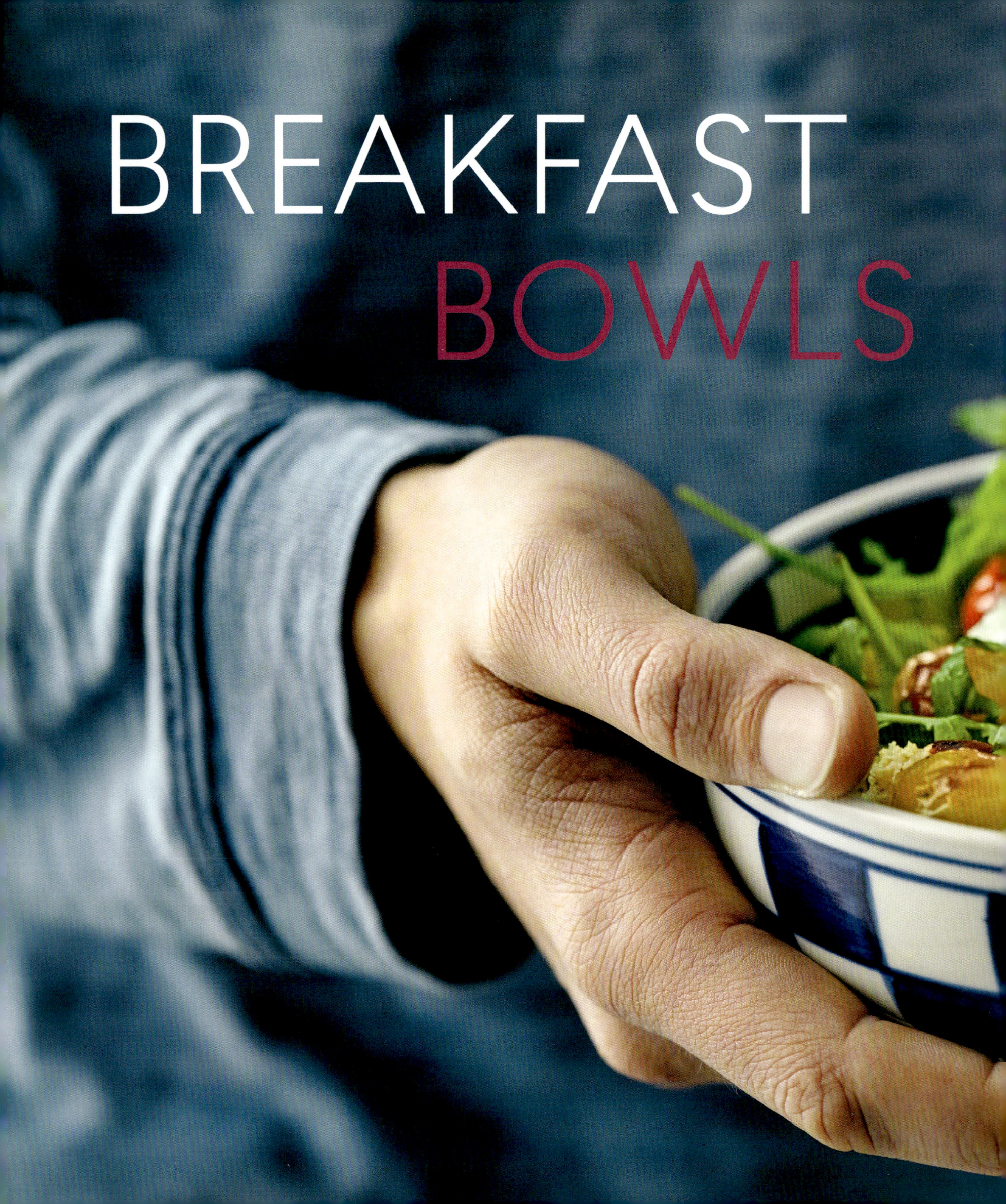

EVERYDAY-GRANOLA

ZUTATEN

FÜR SÜSSE BOWLS

100 g Mandeln

200 g Getreideflocken (z. B. Mehrkorn-, Dinkel- oder Haferflocken)

je 40 g Sonnenblumenkerne, Sesam- und Leinsamen

30 g Kokosraspel

¼ TL gemahlener Zimt

je 2 Msp. gemahlener Ingwer und Kardamom

4 EL Honig oder Ahornsirup

3 EL Sonnenblumenöl

50 g getrocknete Aprikosen

SO GEHT'S

1 Backofen auf 180 °C vorheizen und ein Blech mit Backpapier auslegen. Inzwischen die Mandeln mit einem großen Messer in eher grobe Stücke schneiden (halbieren oder dritteln).

2 Die Mandeln, Getreideflocken, Saaten, Kokosraspel und Gewürze in einer Schüssel mischen. Honig oder Ahornsirup und Öl darübergießen und mit einem Löffel oder den Händen gut verrühren, bis alles gut überzogen und eine klebrige Masse entstanden ist.

3 Die Mischung auf ein mit Backpapier ausgelegtes Blech geben und mit einem Löffel über die ganze Blechbreite flach und gleichmäßig verteilen. Im heißen Ofen (Mitte) 20–25 Minuten backen, bis alles schön dunkel gebräunt ist und gut duftet. Dabei eventuell ein- bis zweimal durchrühren.

4 Das Blech herausnehmen. Granola auf dem Blech abkühlen lassen. Wer keine so großen Stücke mag, rührt es während des Abkühlens noch einmal durch. Inzwischen die Aprikosen in kleine Stückchen schneiden und unter das abgekühlte Granola mischen. Alles in ein verschließbares Glas füllen.

HOT CRUNCH

ZUTATEN

FÜR HERZHAFTE BOWLS

1 EL Rapsöl

1 EL Honig

1 ⅓ TL Zucker

1 EL Zitronensaft

1 TL gemahlener Kreuzkümmel

½ TL gemahlener Koriander

3 Msp. Chilipulver

Salz – schwarzer Pfeffer

75 g Mandeln

75 g Haselnusskerne

50 g Kürbiskerne

50 g Sonnenblumenkerne

SO GEHT'S

1 Den Backofen auf 160 °C vorheizen. Öl, Honig, 1 TL Zucker und Zitronensaft verrühren. Die Gewürze separat mit etwas Salz und reichlich Pfeffer mischen, dann 1 ½ TL davon unter die Ölmischung rühren.

2 Mandeln und Haselnusskerne grob hacken, dann mit Kürbis- und Sonnenblumenkernen im Gewürzöl wenden. Die Mischung gleichmäßig auf ein mit Backpapier ausgelegtes Blech verteilen. Etwas Gewürzmischung darüberstreuen und nochmals leicht salzen.

3 Die Mischung 12–15 Minuten im heißen Ofen (Mitte) braun rösten, dabei nach ca. 6 Minuten einmal durchrühren und mit etwas Gewürzmischung und dem übrigen Zucker bestreuen, dann weiterrösten.

4 Das Garzeitende gut im Auge behalten, damit die Gewürze und Nüsse nicht verbrennen und schwarz werden. Anschließend herausnehmen, auf dem Blech auskühlen lassen und in eine luftdicht verschließbare Dose füllen.

BLACK-FORREST-CHOCOLATE-BOWL

ZUTATEN

1 kleine Zucchini

2 reife Avocados

50 g Zartbitterschokolade (mind. 70 % Kakaogehalt)

2 TL Kakaopulver

2–3 EL Ahornsirup

500 ml Mandeldrink

6 Eiswürfel

100 g Sauerkirschen

40 g Pekannusskerne

20 g Kokoschips

2 EL Kakao-Nibs

3 EL Everyday-Granola (s. S. 26; ersatzweise Fertigmüsli; nach Belieben)

SO GEHT'S

1 Die Zucchini waschen, putzen und in grobe Stücke schneiden. Avocados längs halbieren, entkernen und das Fruchtfleisch aus der Schale löffeln. Die Schokolade in kleine Stückchen brechen und alles mit dem Kakaopulver, Ahornsirup, dem Mandeldrink und den Eiswürfeln im (Hochleistungs-)Mixer fein pürieren.

2 Die Kirschen waschen, halbieren und die Steine herausschneiden. Die Pekannüsse grob hacken, mit Kokoschips, Kakao-Nibs, den Kirschen und nach Wunsch Granola auf der Avocado-Schokocreme verteilen.

TIPP

Je nach Saison lassen sich bei dieser Bowl natürlich auch die Toppings verändern: Frische Beeren im Sommer, reife Birnen oder Kaki im Herbst und Bananen im Winter passen ebenfalls hervorragend dazu. Wer es ganz easy mag, nimmt tiefgekühlte Kirschen oder Beeren.

PURPLE-SUPER-FOOD-BOWL

ZUTATEN

FÜR DIE SMOOTHIE-CREME

1 reife Mango (ca. 380 g)

je 60 g TK-Him- und Brombeeren

100 g TK-Açai-Mark (aus dem Bio-Laden)

1 Orange

FÜR DAS TOPPING

125 g Heidelbeeren

1 kleine Banane

2 EL getrocknete Cranberrys

2 EL Goji-Beeren

SO GEHT'S

1 Mango schälen und vom Kern schneiden, das Fruchtfleisch grob würfeln und mit den gefrorenen Beeren in den (Hochleistungs-)Mixer geben. Die Orange halbieren, den Saft auspressen. Das Açai-Mark in Stücke brechen und mit dem Orangensaft in den Mixer geben. Alles fein pürieren.

2 Inzwischen für das Topping Heidelbeeren waschen und trocken tupfen. Banane schälen und in Scheiben schneiden.

3 Smoothie-Creme auf Schalen verteilen. Mit Bananen, Heidelbeeren, Cranberrys und Goji-Beeren garnieren.

TIPP

Anstelle des hier angegebenen Toppings schmeckt auch das selbstgemachte Everyday-Granola (s. S. 26) zusammen mit Banane und Beeren ganz wunderbar auf der Açai-Creme.

GREEN-GODDESS-SMOOTHIE-BOWL

ZUTATEN

100 g zarte Grünkohlblätter (s. Tipp)

1 Grapefruit

1 kleine Banane

1 kleine Avocado

4 getrocknete (Medjool-)Datteln

2 ½ EL Erdnussmus

300 ml Mandeldrink

1 Kiwi

100 g Heidelbeeren

5 EL Everyday-Granola (s. S. 26; ersatzweise Fertigmüsli, nach Belieben)

SO GEHT'S

1 Den Grünkohl waschen und grob zerschneiden, dann die Grapefruit halbieren und den Saft auspressen. Die Banane schälen und in Stücke schneiden, die Avocado halbieren, den Kern entfernen und das Fruchtfleisch aus der Schale löffeln. Datteln halbieren, entsteinen und grob zerschneiden.

2 Das klein geschnittene Obst und Gemüse mit Grapefruitsaft, Erdnussmus und Mandeldrink in einen (Hochleistungs-)Mixer geben und fein pürieren, dann auf 2 Schalen verteilen.

3 Die Kiwi schälen und in dünne Scheiben schneiden, die Heidelbeeren waschen und gründlich trocken tupfen. Beides nach Wunsch mit der Granolamischung auf der Creme anrichten.

TIPP

Die inneren weichen Grünkohlblätter sind ideal für die Smoothie-Creme. Wer nur dicke, große Blätter bekommt, kauft ein wenig mehr und zupft 100 g zarte Blätter von den strunkigen Stielen.

APFEL-RÜBLI-BOWL

ZUTATEN

FÜR DAS APFELKOMPOTT

2 kleine Äpfel (200 g)

1 TL Zitronensaft

¼ Zimtstange

1–2 EL Honig

50 ml Apfelsaft

FÜR DIE HONIGMÖHREN

1 große dicke Möhre

1 EL getrocknete Cranberrys

1 TL Zitronensaft

1 TL Mandel- oder Sonnenblumenöl

1 TL Honig

FÜR DEN COUSCOUS

Couscous (s. S. 13)

Salz

1 TL Butter (alternativ Sonnenblumenöl)

AUSSERDEM

4 EL Haselnussblättchen

½–¾ TL gemahlener Zimt

SO GEHT'S

1 Für das Kompott die Äpfel schälen, vierteln, das Kerngehäuse entfernen und die Apfelviertel klein würfeln. Sofort mit Zitronensaft und den übrigen Zutaten in einem kleinen Topf mischen und erhitzen. Zugedeckt bei schwacher bis mittlerer Hitze 20–25 Minuten garen – die Äpfel dabei nicht vollständig zerkochen lassen. Die Zimtstange am Schluss entfernen.

2 Die Möhre schälen, putzen und grob raspeln. Cranberrys grob hacken. Zitronensaft, Öl und Honig verrühren und mit den Möhren und Cranberrys vermischen.

3 Den Couscous, wie auf S. 13 beschrieben, zubereiten und anschließend warm halten.

4 Inzwischen die Weintrauben waschen, von den Stielen zupfen, halbieren und eventuell entkernen. Haselnussblättchen in einer Pfanne ohne Fett rösten und abkühlen lassen.

5 Couscous auf Schalen verteilen, Kompott und Möhrensalat daraufgeben. Zum Schluss Haselnussblättchen darüberstreuen und alles nach Geschmack mit Zimt bestäuben.

TIPP

Wer möchte, kann zusätzlich auch noch 1 Handvoll halbierte blaue Weintrauben (ca. 50 g) daraufgeben.

ORANGEN-COUSCOUS-BOWL

ZUTATEN

4 Bio-Orangen

200 g griechischer Joghurt (10 % Fett)

3 EL Honig

¾ TL gemahlener Zimt

Couscous (s. S. 13)

1 EL Butter

1 EL Orangenblütenwasser (nach Belieben)

25 g Mandeln

25 g Pistazienkerne

2 EL Rosinen

½ Granatapfel

SO GEHT'S

1 Von 2 Orangen die Schale samt weißer Haut mit einem scharfen Messer entfernen. Anschließend die Fruchtfilets zwischen den Trennhäuten herausschneiden, dabei den Saft auffangen. 1 Orange heiß waschen und die Schale fein abreiben, dann beide Orangen halbieren und den Saft auspressen. 2–3 EL Saft mit dem Joghurt glatt verrühren. Den übrigen Saft zusammen mit dem aufgefangenen durch ein feines Sieb gießen und, falls nötig, mit Wasser auf insgesamt 125 ml auffüllen.

2 Den Orangensaft in einem Topf mit ½ EL Honig, ¼ TL Zimt und der Orangenschale verrühren und zum Kochen bringen. Couscous, wie auf S. 13 beschrieben, zubereiten und warm halten.

3 Inzwischen nacheinander erst die Mandeln, dann die Pistazien in einer Pfanne ohne Fett rösten, bis sie duften, danach herausnehmen, abkühlen lassen und grob hacken. Rosinen nach Belieben ebenfalls grob hacken. Granatapfelkerne aus den Trennwänden und der Schale herauslösen.

4 Den Couscous auf Schalen anrichten und mit dem übrigen Zimt bestreuen. Joghurt, Orangenfilets und Granatapfel darauf verteilen und mit Rosinen, Mandeln und Pistazienkernen verzieren. Zum Schluss mit dem restlichen Honig beträufeln und möglichst warm genießen.

MAHARANI-REIS-BOWL

ZUTATEN

FÜR DEN REISBREI

450 ml Milch

2 Msp. Safranpulver

⅓ TL gemahlener Kardamom

100 g Reisflocken

1 ½ EL Rosinen

FÜR DAS BANANEN-NUSS-TOPPING

2 Bananen

2 EL Zitronensaft

2 EL Butterschmalz oder Ghee

½ Zimtstange

3 EL Cashewkerne

3 EL Mandelblättchen

1 EL Honig

AUSSERDEM

2 EL Joghurt (3,5 % Fett)

SO GEHT'S

1 Milch, Safran und Kardamom in einen Topf geben und zum Kochen bringen. Reisflocken einrühren und einmal kurz aufkochen lassen. Die Rosinen zugeben und zugedeckt ca. 10 Minuten leicht köcheln lassen, dabei ab und an umrühren.

2 Die Bananen schälen, einmal quer, dann der Länge nach halbieren und in 1 EL Zitronensaft wenden. Butterschmalz in einem kleinen beschichteten Pfännchen erhitzen, darin Zimtstange, Cashewkerne und Mandelblättchen unter Rühren bei kleiner bis mittlerer Hitze langsam rösten, bis sie schön gebräunt sind.

3 Die Nussmischung mit einem Löffel aus der Pfanne heben, dabei gut abtropfen lassen. Die Pfanne mit dem Bratfett neu erhitzen und darin die Bananenstücke beidseitig bei mittlerer Hitze jeweils 1–2 Minuten braten. Dann mit dem Honig und übrigem Zitronensaft beträufeln, dann weitere 1–2 Minuten braten, bis sie schön mit dem Honig überzogen sind.

4 Den Reisbrei auf Schalen verteilen und je 1 EL Joghurt darauf geben, Bananen daneben verteilen und die Nussmischung darübergeben. Zum Schluss alles mit dem übrigen Honigsud aus der Pfanne beträufeln.

JUWELEN-BOWL

ZUTATEN

FÜR DEN QUARK

8 getrocknete Feigen

1 Bio-Orange

1 Sternanis

⅓ Zimtstange

250 g Sahnequark

2 Msp. abgeriebene Bio-Zitronenschale

1 EL flüssiger Honig

2 EL Pistazienkerne

AUSSERDEM

80 g Kleinblatt-Haferflocken

Salz

3 EL Walnusskerne

1 Kaki

3 EL Granatapfelkerne

SO GEHT'S

1 Feigen in Stückchen schneiden. Die Orange waschen, abtrocknen, dann die Schale fein abreiben, den Saft auspressen. Saft mit 2 Msp. Schale und den Gewürzen in einen kleinen Topf geben und aufkochen lassen. Feigen zugeben und alles bei schwacher Hitze 15 Minuten offen köcheln, dann abkühlen lassen und die Gewürze entfernen, lauwarm abkühlen lassen.

2 Quark mit Zitronenschale und Honig glatt verrühren. Pistazien grob hacken und einen großen Teil davon unterrühren.

3 In einem kleinen Topf 450 ml Wasser zum Kochen bringen. Haferflocken einrühren, einmal unter Rühren aufkochen lassen, dann die Hitze reduzieren. Bei schwacher Hitze zugedeckt 10 Minuten ganz leicht köcheln lassen, dabei ab und zu umrühren, damit der Getreidebrei nicht am Topfboden ansetzt. Zuletzt mit etwas Salz abschmecken.

4 Währenddessen die Walnüsse grob hacken. Kaki waschen und quer in Scheiben schneiden, dabei den Stielansatz entfernen.

5 Haferflockenbrei auf Schalen verteilen, Kaki-Scheiben darauflegen, Quark danebensetzen, etwas Feigen samt Sud über Quark und Getreidebrei verteilen und alles und mit den übrigen Pistazien bestreuen. Zum Abschluss mit Granatapfelkernen und Walnüssen toppen.

MEDITERRANE TOMATEN-BOWL

ZUTATEN

FÜR DIE TOMATEN

400 g bunte Kirschtomaten

3 Stängel Basilikum

1 ½ EL Olivenöl

Meersalz – Pfeffer

FÜR DEN ZITRONEN-RICOTTA

½ Bio-Zitrone

3 Zweige Thymian

2 Stängel Basilikum

250 g cremiger Ricotta

Salz – Pfeffer

2 EL Olivenöl

AUSSERDEM

Hirse (s. S. 12)

1 Bund Rucola

2 EL geröstete, gesalzene Mandeln

SO GEHT'S

1 Die Hirse, wie auf S. 12 beschrieben, garen und ausquellen lassen. Rucola waschen, trocken schütteln, grobe Stiele wegschneiden, die Blätter klein zupfen. Mandeln grob hacken.

2 Für den Zitronen-Ricotta die Zitrone waschen, abtrocknen und die Schale fein abreiben, den Saft auspressen. Thymian und Basilikum waschen und trocken schütteln, Blättchen abzupfen und fein hacken. 3 Msp. Zitronenschale, 2 EL Zitronensaft und die Kräuter mit dem Ricotta glatt verrühren. Nach Geschmack mit Salz und Pfeffer würzen.

3 Tomaten waschen und abtrocknen. Basilikum waschen, trocken schütteln, Blätter abzupfen und in Streifen schneiden. Olivenöl in einer beschichteten Pfanne erhitzen, darin die Tomaten bei starker Hitze ca. 3 Minuten braten, bis sie aufzuplatzen beginnen und dunkle Flecken bekommen. Mit Salz und Pfeffer würzen, Basilikum untermischen.

4 Hirse auf Schalen verteilen, darauf Rucola, Tomaten und einen dicken Klecks Zitronen-Ricotta geben. Den Ricotta zum Schluss mit Olivenöl beträufeln und alles mit Mandeln bestreuen.

BLITZ-CONGEE-BOWL

ZUTATEN

120 g Basmatireis

800 ml Hühnerbrühe (oder Fond aus dem Glas)

125 Shiitake-Pilze

125 g kleine Champignons

125 g Baby-Spinat

2 Frühlingszwiebeln

2 Eier

3 EL Öl zum Braten

Salz – Pfeffer

2 EL geröstete, gesalzene Sojabohnen (Fertigprodukt aus dem Bioladen)

Chilisauce (z. B. Sriracha, nach Belieben)

SO GEHT'S

1 Den Reis mit Brühe und 200 ml Wasser in einen Topf geben und langsam zum Kochen bringen. Sobald alles kocht, Hitze reduzieren und bei kleiner bis mittlerer Hitze 30–45 Minuten garen lassen. Dabei ab und zu kräftig umrühren.

2 Die Pilze putzen, von den Shiitake die Stiele wegschneiden. Champignons vierteln, die Shiitake-Kappen längs in ca. 5 mm dicke Streifen schneiden. Den Spinat waschen und in einem Sieb leicht abtropfen lassen. Frühlingszwiebeln waschen und trocken schütteln, dabei den grünen und weißen Teil getrennt in feine Ringe schneiden. Die Eier etwa 8 Minuten in Wasser kochen, kalt abschrecken und anschließend noch warm pellen.

3 In einer beschichteten Pfanne 1 EL Öl erhitzen und darin die weißen Zwiebelringe andünsten. Den Spinat nass hineingeben, salzen und unter Rühren zusammenfallen lassen. In ein Sieb geben und abtropfen lassen. Die Pfanne mit Küchenpapier auswischen. Übriges Öl hineingeben und die Pilze darin bei großer Hitze unter Rühren in 3–4 Minuten leicht braun braten, zum Schluss salzen und pfeffern.

4 Den Reisbrei gründlich durchrühren und auf Schalen verteilen, den Spinat leicht ausdrücken und daraufgeben, die Pilze ebenfalls. Eier halbieren und obenauf legen, alles mit Zwiebelgrün und Sojabohnen bestreuen – wer Schärfe schon morgens verträgt, gibt noch nach Geschmack Chilisauce darauf.

TIPP

Congee ist in Asien ein beliebtes Frühstück. Dort wird der Reis über Nacht eingeweicht und dann mehrere Stunden gekocht, bis er völlig weich und zerfallen ist. Als neutrale Grundlage ist Congee schon früh morgens gut verträglich, wird aber auch häufig mit deftigen Toppings versehen.

BREAKFAST-BURRITO-BOWL

ZUTATEN

FÜR DAS BOHNEN-MAIS-GEMÜSE

1 Dose Kidney-Bohnen (400 g Füllgewicht)

1 Dose Mais (ca. 150 g Füllgewicht)

1 Zwiebel

1 Knoblauchzehe

2 EL Olivenöl

1 TL Tomatenmark

1 TL Chili-con-Carne-Gewürzmischung

Salz – Pfeffer

AUSSERDEM

1 Weizen-Tortillafladen (Fertigprodukt)

250 g Kirschtomaten

1 reife Avocado

1 Limette

½ Bund Koriandergrün

3 Eier

3 EL Milch

1 EL Butter

SO GEHT'S

1 Die Bohnen in ein Sieb abgießen, dabei das Einweichwasser auffangen und kalt abbrausen. Mais ebenfalls in ein Sieb abgießen, kalt abbrausen. Zwiebel und Knoblauch schälen und fein würfeln. In einer beschichteten Pfanne das Öl erhitzen, darin Zwiebel und Knoblauch goldgelb anbraten, Tomatenmark unterrühren und kurz mitrösten.

2 Die Bohnen, den Mais und knapp die Hälfte des Einweichwassers unterrühren. Mit der Chili-Gewürzmischung, Salz und Pfeffer würzen. Offen unter gelegentlichem Rühren 5–10 Minuten leicht köcheln lassen, bis die Flüssigkeit verkocht ist, eventuell zugedeckt warm halten. Währenddessen den Backofen auf 180 °C vorheizen. Tortillafladen achteln und die Stücke im heißen Ofen auf dem Backrost in 6–8 Minuten braun rösten.

3 Tomaten waschen und halbieren, von der Avocado Kern und Schale entfernen, das Fruchtfleisch längs in Spalten schneiden. Limette halbieren, von einer Hälfte den Saft auspressen, die andere Hälfte halbieren. Die Avocadospalten mit 1 TL Limettensaft beträufeln, damit sie nicht braun werden. Koriandergrün waschen, trocken schütteln, Blättchen abzupfen und grob hacken.

4 Die Eier leicht mit der Milch verquirlen (nicht schaumig rühren) und mit Salz und Pfeffer würzen. In einer kleinen beschichteten Pfanne die Butter schmelzen, Eier hineingeben und bei mittlerer Hitze stocken lassen, dabei immer wieder von links nach rechts und von oben nach unten zusammenschieben. Am Ende zu Rührei verrühren und je nach persönlicher Vorliebe mehr oder weniger stark anbraten.

5 Bohnen-Mais-Mischung auf Schalen verteilen, Tomaten und Avocado darauf geben, leicht salzen und pfeffern. Daneben das Rührei anrichten. Mit Koriandergrün bestreuen. Tortillaecken und Limettenhälften zum Beträufeln dazu servieren.

BLT-QUINOA-BOWL

ZUTATEN

Quinoa-Mix (s. S. 13)

150 g Kirschtomaten

5 Blätter Eisbergsalat

1 Avocado

2 TL Limettensaft

3 EL Mayonnaise (aus dem Glas)

¼–½ TL Chilisauce (z. B. Sriracha)

2 EL Weißweinessig

2 frische Eier

1 EL Olivenöl

80 g Frühstücksspeck (in Scheiben)

SO GEHT'S

1 Den Quinoa-Mix, wie auf S. 13 beschrieben, zubereiten. Inzwischen die Tomaten waschen, abtrocknen und halbieren. Eisbergsalat waschen, trocken schleudern, die Blätter übereinanderlegen und in feine Streifen schneiden. Avocado längs halbieren, Kern und Schale entfernen und das Fruchtfleisch längs in Spalten schneiden. Diese sofort in 1 TL Limettensaft wenden, damit sie nicht braun werden. Mayonnaise mit Chilisauce verrühren und mit übrigem Limettensaft abschmecken.

2 In einem Topf ca. 1,5 l Wasser mit dem Essig aufkochen. Jeweils nacheinander 1 Ei aufschlagen und vorsichtig in eine Tasse geben. Hitze reduzieren und die Eier nacheinander mit Abstand zueinander vorsichtig in das simmernde Wasser gleiten lassen. Bei kleiner Hitze 4–5 Minuten garen, dabei zu Beginn mit einem Löffel das sich verteilende stockende Eiweiß um den Eidotter formen, damit die Eier schön rund bleiben. Anschließend mit einem Schaumlöffel herausheben und abtropfen lassen.

3 Gleichzeitig in einer beschichteten Pfanne das Olivenöl erhitzen, Speck quer in schmale Streifen schneiden, dann bei mittlerer Hitze braun und knusprig braten. Herausnehmen und auf einem Küchenpapier abtropfen lassen.

4 Quinoa auf Schalen verteilen, darauf die Salatstreifen, Tomaten und Avocadospalten anrichten. Jeweils ein Ei daraufsetzen und jeweils einen Klecks Mayonnaise dazugeben. Den Frühstücksspeck in Stücke brechen und darüberstreuen.

HERZHAFTE PORRIDGE-BOWL

ZUTATEN

FÜR DAS PORRIDGE

350 ml Gemüsebrühe

80 g zarte Hafer- oder Dinkelflocken

AUSSERDEM

100 g Baby-Mangoldblätter (ersatzweise Baby-Spinat)

4 Radieschen

50 g Alfalfasprossen

150 g körniger Frischkäse

2 EL TK-italienische Kräuter (Fertigmischung)

Salz – Pfeffer

Chilipulver

4 EL Hot Crunch (s. S. 27, nach Belieben)

SO GEHT'S

1 Die Brühe in einen Topf geben und zum Kochen bringen. Sobald sie kocht, die Getreideflocken einrühren, noch einmal unter Rühren aufkochen lassen, dann die Hitze reduzieren. Bei kleiner Hitze zugedeckt 10 Minuten leicht köcheln lassen, dabei ab und zu umrühren, damit das Porridge nicht am Topfboden ansetzt.

2 Inzwischen die Mangoldblättchen gründlich waschen, verlesen und gut trocken schütteln (oder in der Salatschleuder trocken schleudern). Die Radieschen waschen, putzen und in feine Scheiben schneiden. Die Sprossen in ein feines Sieb geben, kalt abbrausen und gut abtropfen lassen. Den Frischkäse mit den Kräutern mischen und mit Salz, Pfeffer und Chilipulver würzen.

3 Den Mangold unter das heiße Porridge rühren und im Topf erhitzen, bis er leicht zusammengefallen ist. Den Porridge auf Schalen verteilen und Radieschen, Frischkäse und Sprossen daraufgeben. Nach Wunsch noch mit Hot Crunch bestreuen.

SUPPEN

HÜHNERBRÜHE

ZUTATEN

FÜR CA. 2 L BRÜHE

1 kg Hühnerkarkassen (evtl. vom Metzger teilen lassen)

500 g Hähnchenflügel

2 Möhren

1 Stange Lauch

150 g Knollensellerie

20 g frischer Ingwer

1 TL weiße Pfefferkörner

Salz – Pfeffer

SO GEHT'S

1 Die Geflügelkarkassen und -flügel unter fließendem, kaltem Wasser gründlich waschen, eventuell Knochensplitter und Blut entfernen. Dann in einen großen Topf legen und so viel Wasser dazugießen, dass alles gut bedeckt ist. Auf dem Herd zugedeckt bei starker Hitze einmal aufkochen lassen.

2 Den Topf vom Herd nehmen, Karkassen und Flügel herausheben. Das Kochwasser wegschütten und den Topf säubern, Karkassen und Flügel kalt abbrausen und wieder in den Topf legen. Erneut etwa 2 l Wasser dazugießen und alles bei mittlerer Hitze aufkochen. Dann die Hitze reduzieren und alles zugedeckt 1 ½ Stunden leicht köcheln lassen, dabei in den ersten 15–20 Minuten den aufsteigenden Schaum mit einem Schaumlöffel abschöpfen.

3 Inzwischen das Gemüse putzen, schälen und alles in große Stücke schneiden. Den Ingwer schälen und in dicke Scheiben schneiden. Mit Gemüse und Pfefferkörnern in den Topf geben und weitere 1–1 ½ Stunden garen. Gegen Garzeitende leicht mit Salz und Pfeffer würzen. Geflügelstücke und Gemüse mit dem Schaumlöffel aus der Brühe heben, die Brühe anschließend durch ein feines Sieb abgießen. Für eine klare Brühe das Sieb zusätzlich mit einem Mulltuch auslegen. Nach Belieben die Brühe kalt werden lassen und entfetten.

TIPP

Wer keine Zeit und Lust hat, Brühe selbst zu kochen, nimmt einen Fond aus dem Glas oder kocht eine Bouillon aus Instant-Brühe. Ansonsten können Sie die selbst gemachte Brühe abgekühlt portionsweise einfrieren und bei Bedarf erhitzen.

ASIA-GEMÜSEBRÜHE

ZUTATEN

FÜR CA. 1 L BRÜHE

1 große Zwiebel

1 Knoblauchzehe

2 dicke Möhren

150 g weißer Rettich

1 Stange Lauch

5 Stangen Staudensellerie

60 g frischer Ingwer

1 Bund Koriandergrün (falls möglich, mit Wurzeln)

2 Stängel Zitronengras

1 kleine rote Chilischote

2 EL Öl zum Braten

2 Sternanis

Salz – Pfeffer

SO GEHT'S

1 Zwiebel und Knoblauch schälen, Zwiebel in Ringe, Knoblauch in Scheiben schneiden. Das gesamte Gemüse putzen und waschen. Möhren und Rettich eventuell schälen. Lauch in dünne Ringe, Möhren und Sellerie in dünne Scheiben, Rettich in große Stücke schneiden. Ingwer schälen. Wurzeln vom Koriandergrün abschneiden und gründlich waschen, das Grün beiseitelegen. Zitronengras und Chilischote waschen, Zitronengras und Ingwer leicht anquetschen.

2 In einem Topf Öl erhitzen und die Zwiebel darin so lange dünsten, bis sie schön gebräunt ist. Knoblauch, Möhren, Lauch und Sellerie dazugeben und unter Rühren 2–3 Minuten anbraten, dann 1,5 l Wasser dazugießen. Rettich, Ingwer, Zitronengras, Chilischote, Korianderwurzeln und Sternanis hinzufügen. Alles zugedeckt bei niedriger Hitze 45 Minuten köcheln lassen, etwa 15 Minuten vor Garzeitende das Koriandergrün in den Topf geben (evtl. nicht alles, sondern je nach Rezept etwas zum Servieren übrig lassen).

3 Die Brühe durch ein feines Sieb gießen und auffangen, dabei das Gemüse entfernen. Die Brühe wieder in den Topf geben und nochmals aufkochen. Bei starker Hitze etwa um ⅕ einkochen lassen. Zum Schluss leicht mit Salz und Pfeffer würzen.

SOUL-CHICKEN-RAMEN

ZUTATEN

FÜR DIE BRÜHE

15 g frischer Ingwer

600 ml Hühnerbrühe (s. S. 54)

2 Sternanis

2 Gewürznelken

1 Chilischote (nach Belieben)

1–2 EL Sojasauce

Salz

FÜR DIE EINLAGE

250 g Hähnchenbrustfilet

2 Stangen Staudensellerie (mit Grün)

100 g Lauch

1 dicke Möhre

200 g Instant-Ramen oder Mie-Nudeln

AUSSERDEM

1 Knoblauchzehe

2 große Zwiebeln

100 g Weizenmehl (Type 405)

250 ml Öl zum Frittieren

2 EL Bambussprossen (aus dem Glas)

SO GEHT'S

1 Das Hähnchenfleisch waschen und trocken tupfen. Den Ingwer schälen und in Scheiben schneiden. Die Brühe in einem großen Topf aufkochen und Ingwer, Sternanis, Nelken und Chilischote (für alle, die Schärfe lieben) darin bei mittlerer Hitze 5 Minuten garen. Das Hähnchenfleisch dazugeben und zugedeckt bei niedriger Hitze etwa 25 Minuten gar ziehen lassen.

2 Inzwischen das Gemüse putzen und waschen, dabei das Selleriegrün beiseitelegen. Lauch in dünne Ringe schneiden, Möhre und Sellerie in dünne Scheiben schneiden. Zwiebeln schälen und in Ringe schneiden, Knoblauch schälen und quer in Scheiben schneiden, beides im Mehl wenden.

3 Ausreichend Frittieröl erhitzen – es ist heiß genug, wenn am Stiel eines Holzlöffels, den man hineinhält, sprudelnd Perlen aufsteigen. Überschüssiges Mehl von Zwiebeln und Knoblauch klopfen und beides im Öl in 3–5 Minuten knusprig braun frittieren. Röstzwiebeln und -knoblauch mit einem Schaumlöffel herausheben, anschließend auf Küchenpapier abtropfen lassen.

4 Nudeln nach Packungsanweisung garen, in ein Sieb abgießen, abtropfen lassen und auf Schalen verteilen. Das Fleisch aus der Brühe heben und beiseitestellen, die Brühe durch ein Sieb gießen und wieder in den Topf geben. Mit der Sojasauce und eventuell mit etwas Salz würzen.

5 Das Gemüse in die Brühe geben und darin 3–5 Minuten garen, dann mit dem Schaumlöffel herausheben und auf den Nudeln verteilen. Währenddessen die Sellerieblätter in Streifen und das Fleisch in mundgerechte Scheiben schneiden, ebenfalls auf die Nudeln geben, nach Belieben Bambussprossen zufügen. Alles mit heißer Brühe übergießen, zum Schluss mit Röstzwiebeln und -knoblauch sowie Selleriegrün bestreuen.

HÄHNCHEN-LAKSA MIT REISNUDELN

ZUTATEN

FÜR DIE LAKSA-PASTE

3–4 Schalotten (80 g)

3 Knoblauchzehen

20 g frischer Ingwer

2 Stängel Zitronengras

30 g Koriandergrün
(falls möglich, mit Wurzeln)

½ TL Chiliflocken – ¾ TL Chilisauce

1 TL Korianderpulver

2–3 EL Erdnussöl

AUSSERDEM

2 EL Erdnussöl

200 ml Kokosmilch

500 ml Hühnerbrühe (s. S. 54)

1 TL Kurkumapulver

1 TL Currypulver – Salz

1 EL Rohrohrzucker

100 g feine Reisnudeln

250 g Hähnchenbrustfilet

1 kleine Süßkartoffel (ca. 200 g)

5 Stangen grüner Spargel

50 g Zuckerschoten

1–2 EL Fischsauce (z. B. Nam pla)

2–4 EL Limettensaft

SO GEHT'S

1 Für die Paste Schalotten, Knoblauch und Ingwer schälen und fein hacken. Vom Zitronengras die unteren 10–12 cm verwenden, den Strunk entfernen und die Stangen klein hacken. Das Koriandergrün waschen, trocken schütteln und, falls möglich, samt Wurzeln grob hacken, dabei 1–2 EL Koriandergrün beiseitelegen. Alles mit Chiliflocken, Chilisauce, Korianderpulver und Öl fein pürieren, dabei nach Bedarf noch etwas Wasser dazugeben – es sollte eine dicke Paste entstehen.

2 Die Paste in einem großen Topf im Öl unter Rühren erhitzen und 15 Minuten braten, ohne dass sie anbrennt. Anschließend Kokosmilch und Brühe dazugeben, mit Kurkuma, Currypulver, Salz und Zucker würzen und alles bei niedriger Hitze etwa 30 Minuten köcheln lassen.

3 Inzwischen Nudeln nach Packungsanweisung garen, in ein Sieb abgießen und abtropfen lassen. Fleisch waschen, trocken tupfen und in dünne Scheiben schneiden. Süßkartoffel schälen und 1 cm groß würfeln. Spargel waschen, holzige Enden entfernen, die Stangen schräg in 2 cm große Stücke schneiden. Zuckerschoten putzen, waschen und in schmale Streifen schneiden.

4 Die Kokosbrühe mit der Fischsauce würzen, Huhn, Süßkartoffel und Spargel dazugeben und alles zugedeckt bei mittlerer Hitze 15 Minuten garen, dabei etwa 2 Minuten vor Garzeitende die Zuckerschoten hinzufügen. Die Nudeln darin erwärmen. Laksa mit Limettensaft abschmecken und mit Koriander bestreuen, dann auf Schalen verteilen.

TIPP

Wem es zu mühsam ist, die Paste selbst herzustellen, der nimmt einfach fertige Laksa-Paste aus dem Asien-Laden.

SCHNELLE PHO-BO

ZUTATEN

FÜR DIE BRÜHE

1 Zwiebel

800 ml Rinderbrühe oder -fond (aus dem Glas)

100 g weißer Rettich

1 Knoblauchzehe

40 g frischer Ingwer

2 Stängel Zitronengras

½ Bund Koriandergrün (falls möglich mit Wurzeln)

3 Nelken

2 Sternanis

2–3 EL Fischsauce (z. B. Nam pla)

FÜR DIE EINLAGE

100 g breite Reisnudeln

100 g Rinderfilet

80 g Sojasprossen

2 Frühlingszwiebeln

2 rote Chilischoten

2–3 Stängel Thai-Basilikum

½ Limette

SO GEHT'S

1 Für die Brühe die Zwiebel quer halbieren und die Hälften auf der Schnittfläche in einen Kochtopf setzen. Den Topf so lange vorsichtig erhitzen, bis die Zwiebel unten dunkel gebräunt ist, dann mit der Brühe ablöschen.

2 Den Rettich schälen und in dicke Scheiben oder Stücke schneiden. Knoblauch und Ingwer schälen und in Scheiben schneiden. Zitronengras in grobe Stücke schneiden und leicht anquetschen. Vom Koriandergrün die Wurzeln abschneiden und gründlich waschen, das Grün für die Einlage beiseitelegen.

3 Alles zusammen mit Nelken und Sternanis in die Brühe geben und einmal aufkochen, dann bei kleiner bis mittlerer Hitze zugedeckt etwa 45–60 Minuten köcheln lassen.

4 Inzwischen für die Einlage die Nudeln nach Packungsanweisung garen, in ein Sieb abgießen und abtropfen lassen. Das Rindfleisch in möglichst dünne Scheiben schneiden. Sojasprossen in einem Sieb heiß abbrausen und abtropfen lassen. Frühlingszwiebeln putzen, waschen und samt Grün in feine Ringe schneiden. Die Chilischoten putzen, waschen und in dünne Ringe schneiden, die Kerne dabei entfernen. Thai-Basilikum waschen, trocken schütteln, Blätter abzupfen. Die Limette heiß waschen, abtrocknen und in 4 Stücke schneiden.

5 Die Brühe durch ein Sieb gießen und in einem Topf auffangen, das Gemüse entfernen. Mit Fischsauce abschmecken und nochmals aufkochen. Nacheinander Nudeln, Fleisch und Sojasprossen auf Schalen verteilen und mit Frühlingszwiebel- und Chiliringen bestreuen. Die kochend heiße Brühe darübergießen, alles kurz ziehen lassen, dann mit den Kräutern bestreuen. Nach Belieben mit jeweils mit 1 Limettenstück zum Beträufeln servieren.

SAIGON-HOT-POT-BOWL

ZUTATEN

FÜR DIE BRÜHE

6 Schalotten (ca. 180 g)

Öl zum Braten

3 Stängel Zitronengras

10 g frischer Ingwer

400 ml Rinderbrühe (oder -fond aus dem Glas)

200 ml Kokoswasser

80 ml Reisessig

FÜR DIE EINLAGE

100 g breite Reisnudeln

400 g grüne Bohnen

Salz

150 g Rinderfilet

4 rohe geschälte Garnelen (küchenfertig)

1 Möhre

1–2 rote Chilischoten

1 Frühlingszwiebel

⅓ Bund Koriandergrün

½ TL Rohrohrzucker

2 EL Kokosöl

4 EL Kokosraspel

SO GEHT'S

1 Schalotten schälen und längs in feine Streifen schneiden. In einem Topf reichlich Öl erhitzen und die Schalotten darin bei mittlerer Hitze langsam braten, bis sie schön dunkel gebräunt sind. Währenddessen vom Zitronengras den oberen Teil und Strunk abschneiden, die unteren 10–12 cm in feine Ringe schneiden. Ingwer schälen und in dicke Scheiben schneiden. Beides mit Brühe, Kokoswasser und Essig zu den Schalotten geben und zugedeckt bei niedriger Hitze 30 Minuten garen.

2 Inzwischen Nudeln nach Packungsanweisung in Wasser garen, in ein Sieb abgießen und abtropfen lassen. Bohnen putzen, waschen, quer halbieren, dann in Salzwasser bei mittlerer Hitze 10–12 Minuten garen. In ein Sieb abgießen, kalt abschrecken und abtropfen lassen. Fleisch in feine Scheiben schneiden. Garnelen waschen und trocken tupfen. Möhre putzen, schälen und n dünne Streifen (Julienne) schneiden. Chilischoten halbieren, entkernen, waschen und fein hacken. Frühlingszwiebel putzen, waschen und samt Grün in Ringe schneiden. Koriandergrün waschen, trocken schütteln, Blätter abzupfen und grob hacken.

3 Die Brühe durch ein feines Sieb in einen Topf gießen, Ingwer entfernen, Schalotten und Zitronengras herausnehmen und trocken tupfen. Die Brühe wieder erhitzen, mit Zucker und eventuell Salz würzen, dann Fleisch, Garnelen und Möhre hinzufügen, bei niedriger Hitze in 4–5 Minuten gar ziehen lassen. Nudeln auf Schalen verteilen und die Bohnen daraufgeben.

4 Kokosöl in einer Pfanne erhitzen und Schalotten und Zitronengras darin unter Rühren so lange braten, bis die Flüssigkeit vollständig verdunstet ist. Kokosraspel und gehackte Chilischoten unterrühren und leicht mitbräunen lassen, salzen und vom Herd nehmen. Mit einer Schöpfkelle etwas Brühe samt Fleisch, Garnelen und Möhre über die Nudeln geben und darauf die Schalotten-Kokos-Mischung verteilen. Mit Frühlingszwiebelringen und Koriandergrün bestreut servieren.

SOBA-BOWL MIT TERIYAKI-LACHS

ZUTATEN

FÜR DEN LACHS

3 EL Sojasauce

3 EL Mirin (aus dem Asien-Laden, alternativ trockener Sherry)

1 EL Rohrohrzucker

200 g Lachsfilet (ohne Haut)

FÜR DIE EINLAGE

100 g Soba-Nudeln

Salz

1 dicke Möhre

6 Radieschen

2 Frühlingszwiebeln

125 g Baby-Spinat

Shichimi togarashi zum Bestreuen (s. S. 70)

FÜR DIE BRÜHE

10 g frischer Ingwer

400 ml Asia-Gemüsebrühe (s. S. 55, alternativ Fischfond aus dem Glas)

1 EL Sojasauce

1 EL Mirin (aus dem Asien-Laden, alternativ trockener Sherry)

SO GEHT'S

1 Für die Teriyaki-Marinade Sojasauce, Mirin und Zucker in einem kleinen Topf unter Rühren aufkochen. Dann bei starker Hitze sirupartig einkochen lassen, vom Herd nehmen und abkühlen lassen. Den Lachs waschen, trocken tupfen und in 1 cm dicke Scheiben schneiden. Die Scheiben auf ein mit Backpapier ausgelegtes Blech legen und jeweils mit etwas Marinade bestreichen.

2 Den Backofen auf mittlerer Grillstufe vorheizen. Währenddessen Nudeln nach Packungsanweisung in leicht gesalzenem Wasser garen, in ein Sieb abgießen, kalt abschrecken und abtropfen lassen. Ingwer schälen und in Scheiben schneiden. Möhre schälen und in sehr feine Streifen (Julienne) schneiden. Radieschen putzen, waschen und in dünne Scheiben schneiden. Frühlingszwiebeln putzen, waschen und den grünen und weißen Teil separat in feine Ringe schneiden. Spinat verlesen, waschen und trocken schleudern.

3 Den Lachs im heißen Ofen (oben) 7–10 Minuten grillen, dabei noch ein- bis zweimal mit Marinade bestreichen. Gleichzeitig die Brühe mit dem Ingwer aufkochen und bei mittlerer Hitze 3–4 Minuten köcheln lassen, dann mit übriger Sojasauce, Mirin und Salz abschmecken. Möhre, Radieschen und weiße Frühlingszwiebeln dazugeben und 2 Minuten mitgaren. Den Spinat hinzufügen und zugedeckt 2–3 Minuten zusammenfallen lassen.

4 Den Lachs aus dem Ofen nehmen. Die Nudeln auf Schalen verteilen und die heiße Brühe samt Gemüse darübergeben. Den Lachs darauflegen und mit Frühlingszwiebelgrün und Shichimi togarashi bestreut servieren.

THAI-VEGGIE-CURRYSUPPE

ZUTATEN

FÜR DIE EINLAGE

100 g dünne Reisnudeln

1 kleine Süßkartoffel (ca. 180 g)

1 kleine Zucchini

1 rote Spitzpaprika

1 rote Zwiebel

150 g Mini-Maiskolben

FÜR DIE CURRYSUPPE

5 Kaffir-Limettenblätter

3 EL Kokosöl oder Öl zum Braten

1 ½–2 TL grüne Thai-Currypaste

250 ml Kokosmilch

400 ml Asia-Gemüsebrühe **(s. S. 55)**

1–2 EL Sojasauce

Salz

½ TL Rohrohrzucker

2–4 EL Limettensaft

½ Bund Koriandergrün

SO GEHT'S

1 Die Reisnudeln nach Packungsanweisung garen, in ein Sieb abgießen und abtropfen lassen. Das Gemüse putzen und waschen. Die Süßkartoffel schälen und in etwa 1 cm große Würfel schneiden. Zucchini in etwa 4 mm dicke Scheiben schneiden. Spitzpaprika halbieren und in 1 cm breite Streifen schneiden. Zwiebel schälen und längs in feine Spalten schneiden. Mais in etwa 1,5 cm breite Stücke schneiden. Limettenblätter waschen, die harte Blattrippe in der Mitte herausschneiden und die beiden Blatthälften quer in feine Streifen schneiden.

2 Das Öl in einen Topf geben, Currypaste und 2–3 EL Kokosmilch hinzufügen und unter Rühren anrösten, bis die Kokosmilch verdampft ist und sich Öl und Paste trennen. Dann übrige Kokosmilch, Brühe, 1 EL Sojasauce und Limettenblätter unterrühren. Alles aufkochen, eventuell leicht salzen und mit Zucker und 2 EL Limettensaft würzen.

3 Die Hitze reduzieren, Mais und Süßkartoffel dazugeben und zugedeckt bei mittlerer Hitze etwa 5 Minuten garen. Zucchini, Spitzpaprika und Zwiebel hinzufügen und alles in 12–15 Minuten fertig garen. Inzwischen Koriandergrün waschen, trocken schütteln, Blätter abzupfen und grob hacken.

4 Die Nudeln auf Schalen verteilen. Die Suppe mit Salz, restlicher Sojasauce und übrigem Limettensaft abschmecken. Heiß über die Nudeln geben und alles mit Koriandergrün bestreuen.

SOJA-RAMEN MIT RÖSTKOHL UND KÜRBIS

ZUTATEN

FÜR DIE EINLAGE

400 g Hokkaido-Kürbis

1 Knoblauchzehe

1 EL Olivenöl

Salz – Pfeffer

2 Msp. Chiliflocken

gedünsteter Grünkohl (s. S. 20)

2 Eier

2 Frühlingszwiebeln

120 g Instant-Ramen oder Mie-Nudeln

FÜR DIE BRÜHE

250 ml Asia-Gemüsebrühe (s. S. 55)

250 ml Sojacreme Cuisine

¼–½ TL Currypulver

1–2 EL Sojasauce

Salz – Pfeffer

2 EL Shiro-Miso (s. S. 72)

1–2 Spritzer japanisches Chiliöl (aus dem Asien-Laden)

SO GEHT'S

1 Den Backofen auf 220 °C (Ober-/Unterhitze) vorheizen. Ein Backblech mit Backpapier auslegen. Den Kürbis waschen, Kerne herauskratzen und das Fruchtfleisch samt Schale in etwa 2 cm breite Spalten schneiden. Knoblauch schälen und durchpressen, mit dem Olivenöl verrühren. Den Kürbis im Knoblauchöl wenden, mit Salz, Pfeffer und Chiliflocken würzen und auf dem Blech verteilen. Im heißen Ofen (mittlere Schiene) 15–20 Minuten garen, dabei einmal wenden, anschließend herausnehmen und abkühlen lassen.

2 Den Grünkohl, wie auf S. 20 beschrieben, zubereiten. Die Eier in einem kleinen Topf in ca. 7 Minuten wachsweich kochen, herausnehmen und abschrecken, anschließend schälen.

3 Inzwischen Frühlingszwiebeln putzen, waschen und samt Grün in Ringe schneiden. Die Nudeln nach Packungsanweisung garen, in ein Sieb abgießen und abtropfen lassen. Brühe mit der Sojacreme in einem Topf erhitzen und mit Currypulver, Sojasauce, Salz und Pfeffer würzen. Eine Schöpfkelle heiße Brühe abnehmen, mit Miso verrühren und zurück in die Brühe geben.

4 Nudeln auf Schalen verteilen, Kürbis, Grünkohl und einen großen Teil der Frühlingszwiebeln darauflegen. Die Eier längs halbieren und daraufsetzen. Alles mit heißer Brühe übergießen und mit übrigen Frühlingszwiebeln bestreut und nach Belieben mit Chiliöl beträufelt servieren.

KITSUNE SOBA
MIT FRITTIERTEM TOFU

ZUTATEN

FÜR DIE EINLAGE

100 g Soba-Nudeln

Salz

120 g Baby-Spinat

1 Frühlingszwiebel

100 g Aburaage (frittierter Tofu, s. Tipp)

1 Kästchen Radischenkresse

Shichimi togarashi zum Bestreuen (s. Tipp)

FÜR DIE BRÜHE

600 ml Asia-Gemüsebrühe (s. S. 55)

1 EL getrocknete Instant-Wakame-Algen

2 EL Sojasauce

SO GEHT'S

1 Die Soba-Nudeln nach Packungsanweisung in leicht gesalzenem Wasser garen, in ein Sieb abgießen, kalt abschrecken und abtropfen lassen. Spinat verlesen und waschen. Einen Topf heiß werden lassen und den Spinat darin tropfnass bei starker Hitze zusammenfallen lassen. In ein Sieb abgießen, kalt abschrecken und gut ausdrücken.

2 Frühlingszwiebel putzen, waschen und samt Grün in feine Ringe schneiden. Die Brühe aufkochen, die Algen einstreuen und darin bei niedriger Hitze 2 Minuten ziehen lassen. Mit Sojasauce und Salz würzen.

3 Die Nudeln auf Schalen verteilen. Frittierten Tofu nach Belieben ganz lassen oder in Stücke schneiden, mit Spinat und Frühlingszwiebeln auf die Nudeln legen. Mit heißer Brühe übergießen. Die Kresse vom Beet schneiden und als Sträußchen darauflegen. Alles mit Shichimi togarashi bestreut servieren.

TIPP

Den leicht süß schmeckenden, frittierten Aburaage-Tofu bekommt man in Asien-Läden. Wer ihn nicht am Stück erhält, nimmt am besten Tofu-Taschen (Ajitsuke Inari), die man normalerweise für Sushi verwendet: Einfach in Stücke oder breite Streifen schneiden.
Shichimi togarashi ist eine japanische Gewürzmischung und bedeutet „Sieben-Gewürz-Pulver". Sie besteht aus Chilischoten, mildem Pfeffer, Sesam und Nori-Algen. Sie wird als scharfe Allroundwürze geschätzt und ist in Asien-Läden erhältlich. Alternativ kann man die Bowl auch nach Belieben mit etwas Sesamöl beträufeln und Sesam und Chiliflocken darüberstreuen.

GOLDEN-SOBA-BOWL

ZUTATEN

FÜR DIE EINLAGE

1 Zwiebel

1 Knoblauchzehe

1 kleine Süßkartoffel (ca. 200 g)

1 große Gelbe Bete

20 g frische Kurkumawurzel

35 g frischer Ingwer

2 EL Öl zum Braten

Salz – Pfeffer

100 g Soba-Nudeln

2 EL Mandelblättchen

1 Handvoll Baby-Mangold

1 EL gehacktes Koriandergrün

FÜR DIE BRÜHE

600 ml Asia-Gemüsebrühe (s. S. 55)

1 EL Shiro-Miso (s. Tipp)

3–4 EL Mandelcreme Cuisine

1–2 EL Zitronensaft

Salz – Pfeffer

SO GEHT'S

1 Zwiebel und Knoblauch schälen und fein würfeln. Süßkartoffel und Bete schälen und in etwa 1,5 cm große Würfel schneiden. Kurkuma und Ingwer schälen und fein reiben oder hacken.

2 Das Öl in einem Topf erhitzen und Zwiebel und Knoblauch darin goldgelb andünsten. Süßkartoffel und Gelbe Bete dazugeben und unter Rühren kurz andünsten. Kurkuma und Ingwer unterrühren, dann sofort die Brühe dazugießen. Alles zugedeckt bei mittlerer Hitze 18–20 Minuten garen, anschließend mit Salz und Pfeffer würzen.

3 Soba-Nudeln nach Packungsanweisung in leicht gesalzenem Wasser garen, in ein Sieb abgießen, kalt abschrecken und abtropfen lassen, dann auf Schalen verteilen. Mandelblättchen in einer Pfanne ohne Fett goldgelb rösten, herausnehmen und abkühlen lassen. Mangold waschen und trocken schütteln.

4 Eine Schöpfkelle heiße Brühe abnehmen und mit Miso und Mandelcreme verrühren. Zurück in die Brühe geben, aber nicht mehr kochen lassen, dann mit Zitronensaft, Salz und Pfeffer abschmecken. Die heiße Brühe samt Gemüse über die Nudeln geben, Mangoldblätter daraufsetzen und alles mit Mandelblättchen und Koriandergrün bestreut servieren.

TIPP

Miso ist eine salzige Paste aus vergorenen Sojabohnen, Reis oder anderem Getreide und eine traditonelle Würzpaste für Ramen-Brühen. Das helle, weißliche Shiro-Miso schmeckt süßlich-mild. Genmai-Miso dagegen ist ein dunkles, eher würziges, reines Reisprodukt. Wichtig: Die Miso-Paste nie mitkochen oder in kochend heiße Flüssigkeiten geben – das zerstört den Geschmack und die darin enthaltenen gesunden Enzyme.

RAMEN-BOWL MIT SCHARFEM GEMÜSE

ZUTATEN

FÜR DIE EINLAGE

1 kleine Süßkartoffel (ca. 200 g)

1 kleine Aubergine (ca. 180 g)

1 rote Paprika

3 EL Olivenöl

1 TL Chilisauce (z. B. Sriracha)

1 TL Tomatenmark

1 TL Honig oder Ahornsirup

2 EL Limettensaft

½ TL gemahlener Kreuzkümmel

Salz – Pfeffer

120 g Instant-Ramen oder Mie-Nudeln

1 kleine Staude Pak Choi

2 Frühlingszwiebeln

1 EL Sesam

FÜR DIE BRÜHE

600 ml Asia-Gemüsebrühe (s. S. 55)

1 EL Genmai-Miso (s. S. 72)

SO GEHT'S

1 Den Backofen auf 200 °C (Ober-/Unterhitze) vorheizen. Die Süßkartoffel schälen, Aubergine putzen und waschen, beides erst längs halbieren, dann die Hälften quer in etwa 5 mm dicke Scheiben schneiden. Paprika halbieren, putzen, waschen und in etwa 3 cm große Stücke schneiden.

2 Das Öl mit Chilisauce, Tomatenmark, Honig (Veganer nehmen Ahornsirup), Limettensaft und Kreuzkümmel verrühren und mit dem Gemüse in einer ofenfesten Form vermischen, alles salzen und pfeffern. Das Gemüse im heißen Ofen (Mitte) 20–25 Minuten garen, dabei ein- bis zweimal durchrühren.

3 Inzwischen die Nudeln nach Packungsanweisung garen, in ein Sieb abgießen und abtropfen lassen. Pak Choi waschen und in einzelne Blätter teilen. Frühlingszwiebeln putzen, waschen und samt Grün in Ringe schneiden.

4 Das Gemüse aus dem Ofen nehmen, die Nudeln auf Schalen verteilen und das Gemüse daraufsetzen. Die Brühe erhitzen und den Pak Choi darin bei niedriger Hitze 2 Minuten zusammenfallen lassen. Mit dem Schaumlöffel herausheben und auf die Nudeln verteilen.

5 Eine Schöpfkelle Brühe abnehmen, mit der Miso-Paste verrühren und zurück in den Topf geben. Dann die Brühe samt Pak Choi über Gemüse und Nudeln geben und alles mit Frühlingszwiebeln und Sesam bestreut servieren.

PILZ-RAMEN MIT MANGOLD

ZUTATEN

FÜR DIE BRÜHE

600 ml Asia-Gemüsebrühe (s. S. 55)

½ Knoblauchzehe

5 getrocknete Shiitake-Pilze

5 EL Sojasauce

1 EL Hoisin-Sauce (aus dem Asien-Laden)

1 TL Rohrohrzucker

3 EL Sake (alternativ trockener Sherry)

1 EL Genmai-Miso (s. S. 72)

FÜR DIE EINLAGE

120 g Instant-Ramen oder Mie-Nudeln

5 große Mangoldblätter

300 g frische Shiitake-Pilze

1 Frühlingszwiebel

3 EL Öl

½ Knoblauchzehe

Salz – Pfeffer

200 g Seidentofu

2 EL geröstetes Sesamöl

1 EL schwarzer Sesam

SO GEHT'S

1 Die Brühe in einem Topf erhitzen. Währenddessen den Knoblauch schälen und fein hacken. Den Knoblauch mit Trockenpilzen, Soja- und Hoisin-Sauce, Zucker und Sake in die Brühe geben und alles offen bei mittlerer Hitze etwa 15 Minuten garen. Die Brühe sollte dabei um ein gutes Fünftel einkochen und schön kräftig werden.

2 Inzwischen die Nudeln nach Packungsanweisung garen, in ein Sieb abgießen und gut abtropfen lassen, auf Schalen verteilen.

3 Mangold putzen, waschen, die Stiele in feine, die grünen Blätter in dickere Streifen schneiden. Frische Pilze säubern, Stiele entfernen und die Hüte in Scheiben schneiden. Frühlingszwiebel putzen und waschen, weißen Teil längs vierteln und die Viertel fein hacken, den grünen Teil schräg in feine Ringe schneiden.

4 Die Hälfte des Öls in einer Pfanne oder im Wok erhitzen, Mangoldstiele und Knoblauch darin unter Rühren 3 Minuten braten, salzen, pfeffern und herausnehmen. Übriges Öl in die Pfanne geben und Pilze und weiße Frühlingszwiebelstücke darin unter Rühren bei starker Hitze 2–3 Minuten braten, salzen, pfeffern und herausnehmen. Mangoldblätter tropfnass in die Pfanne geben und unter Rühren zusammenfallen lassen, in ein Sieb geben, kalt abschrecken, abtropfen lassen und ausdrücken. Alles nebeneinander auf den Nudeln verteilen.

5 Tofu trocken tupfen und klein würfeln, auf die Nudeln legen und mit Frühlingszwiebelgrün bestreuen. Eine Schöpfkelle Brühe abnehmen, mit Miso verrühren und zurück in die Brühe geben. Die heiße Brühe durch ein Sieb in die Schalen gießen. Mit Sesamöl beträufelt und mit Sesam bestreut servieren.

EASY BOWLS

BULGOGI-BOWL

ZUTATEN

FÜR DAS FLEISCH

200 g Rinderfilet
½ große Zwiebel
1 kleine Knoblauchzehe
¼ Apfel
⅓ TL Zucker
3 EL Sojasauce
1 EL Reis- oder Weißweinessig
1 EL geröstetes Sesamöl
Salz – Pfeffer

FÜR DAS GEMÜSE

½ große Zwiebel
1 kleine Süßkartoffel (250 g)
3 große Kräuterseitlinge
1 kleine Zucchini
3–4 EL Olivenöl
Salz – Pfeffer

AUSSERDEM

Öl zum Braten und für das Blech
Sushi-Reis (s. S. 14)
2 Frühlingszwiebeln

SO GEHT'S

1 Das Fleisch in möglichst feine Scheiben schneiden. Zwiebel und Knoblauch schälen, ⅔ der Zwiebel in schmale Streifen schneiden und zum Fleisch geben, den Rest zusammen mit dem Knoblauch grob hacken. Apfel entkernen und grob würfeln. Alles mit Zucker, Sojasauce, Essig und Sesamöl mit dem Pürierstab zu einer feinen Marinade pürieren und pfeffern. Mit dem Fleisch mischen und 30 Minuten ziehen lassen.

2 Für das Gemüse die andere Hälfte der Zwiebel in feine Spalten schneiden. Süßkartoffel schälen und in 2–3 mm dicke Scheiben schneiden. Kräuterseitlinge vorsichtig sauber reiben und längs in 5 mm dicke Scheiben schneiden. Zucchini waschen, putzen, quer halbieren und die Hälften längs in 2–3 mm dicke Scheiben schneiden. Mit 2–3 EL Öl mischen, salzen und pfeffern.

3 In der Zwischenzeit den Reis, wie auf S. 14 beschrieben, garen. Frühlingszwiebeln waschen, putzen und mit dem Grün in feine Ringe schneiden. Den Backofengrill auf höchster Stufe vorheizen und ein Backblech im Ofen richtig heiß werden lassen. Das Blech vorsichtig herausnehmen und mit Öl fetten, das Gemüse auf dem heißen Blech verteilen und unter dem heißen Grill 10 Minuten garen, zwischendurch einmal wenden.

4 Inzwischen 2 EL Öl in einem Topf oder Wok erhitzen. Fleisch samt Zwiebelstreifen darin bei starker Hitze 2–3 Minuten unter Rühren anbraten, leicht salzen, pfeffern und 1–2 Minuten bei schwacher Hitze nachziehen lassen.

5 Reis auf Schalen verteilen, Fleisch und Gemüse nebeneinander daraufgeben und alles mit Zwiebelringen bestreuen.

THANKSGIVING-BOWL

ZUTATEN

FÜR DIE CRANBERRYSAUCE

1 kleiner Apfel

5 g frischer Ingwer

125 g (TK-)Cranberrys

3–4 EL Ahornsirup

100 ml Apfelsaft

2 EL Zitronensaft

FÜR DEN KÜRBIS

250–280 g Butternuss-Kürbis (geputzt 200 g)

Salz – Pfeffer

2 EL Weißweinessig

2 EL Olivenöl

FÜR DAS PUTENSCHNITZEL

180 g Putenschnitzel

2 EL Olivenöl

Salz – Pfeffer

AUSSERDEM

3 EL Kürbiskerne

Quinoa (s. S. 12)

1 vorgegarter Maiskolben (vakuumverpackt)

Salz – Pfeffer

1 TL Butter

SO GEHT'S

1 Für die Cranberrysauce den Apfel schälen und würfeln, den Stielansatz entfernen. Ingwer schälen und fein hacken, Cranberrys waschen und abtropfen lassen. Alles mit 2 EL Ahornsirup, 50 ml Apfelsaft und 1 EL Zitronensaft in einen kleinen Topf geben und zugedeckt bei schwacher Hitze ca. 30–35 Minuten köcheln lassen, dabei eventuell noch etwas Apfelsaft zugeben. Die Sauce sollte am Ende dicklich eingekocht sein, dann mit übrigem Ahornsirup und Zitronensaft abschmecken und lauwarm abkühlen lassen.

2 Inzwischen den Kürbis schälen, Kerne und Fasern entfernen. Das Fruchtfleisch mit dem Sparschäler in dünnen Spalten abziehen und mit 2 kräftigen Prisen Salz mischen. Mit den Händen 1–2 Minuten gut durchkneten, bis der Kürbis schön weich ist. Mit Pfeffer, Essig und Öl mischen und ziehen lassen. Die Kürbiskerne in einer Pfanne ohne Fett rösten, abkühlen lassen und fürs Garnieren grob hacken.

3 Quinoa, wie auf S. 12 beschrieben, zubereiten. Mais nach Packungsanweisung in Salzwasser garen, abtropfen lassen und in dicke Scheiben schneiden.

4 Für das Putenschnitzel Öl in einer beschichteten kleinen Pfanne erhitzen, darin das Putenschnitzel beidseitig je 4–5 Minuten braten. Salzen, pfeffern, kurz ziehen lassen und anschließend in Scheiben aufschneiden.

5 Quinoa auf Schalen verteilen, darauf das Fleisch geben, daneben bzw. ein wenig über das Fleisch Cranberrysauce geben. Mais und Kürbis ebenfalls auf Quinoa geben, Die Butter auf den Mais geben, salzen und pfeffern. Kürbiskerne gleichmäßig über die gesamte Bowl streuen.

HAPPY-S(E)OUL-BOWL

ZUTATEN

FÜR DAS FLEISCH

1 Knoblauchzehe

15 g frischer Ingwer

4 Frühlingszwiebeln

250 g mageres Rinderhackfleisch

2 TL Gochujang-Paste (s. S. 99)

2–3 EL Sojasauce

AUSSERDEM

Reis (s. S. 12)

1 Süßkartoffel (ca. 300 g)

3 Kräuterseitlinge

Öl zum Braten

Salz – Pfeffer

4 Radieschen

50 g Baby-Spinat

Kimchi (s. S. 22, nach Belieben)

SO GEHT'S

1 Den Reis, wie auf S. 12 beschrieben, garen. Den Grill des Backofens auf höchster Stufe vorheizen, dabei ein Blech miterhitzen. Währenddessen die Süßkartoffel mit dem Sparschäler schälen, putzen und quer in 2–3 mm dicke Scheiben schneiden. Kräuterseitlinge sauber reiben und der Länge nach in ca. 5 mm dicke Scheiben schneiden. Das gesamte Gemüse mit 2–3 EL Öl mischen, sodass es ringsum benetzt ist, dann salzen und pfeffern.

2 Das heiße Blech vorsichtig aus dem Ofen nehmen und zügig 2–3 EL Öl darauf verteilen. Süßkartoffel und Pilze zügig daraufgeben und flach verteilen, dann das Blech sofort wieder in den heißen Ofen (oben) einschieben und alles unter dem heißen Grill 10 Minuten garen, zwischendurch einmal wenden.

3 Inzwischen die Radieschen waschen, putzen und in Scheiben schneiden, den Spinat waschen, verlesen und trocken schleudern. Für das Hackfleisch Knoblauch und Ingwer schälen und fein hacken. Die Frühlingszwiebeln putzen, waschen, trocken schütteln. 3 davon samt dem Grün in dickere Ringe, 1 Frühlingszwiebel in ganz feine Ringe schneiden.

4 In einer beschichteten Pfanne 2 EL Bratöl erhitzen, darin Knoblauch und Ingwer kurz andünsten. Dann das Hackfleisch zugeben und bei großer Hitze krümelig braun braten, dabei zwischendurch mit einem Holzlöffel zerteilen. Sobald es durchgebraten ist, Gochujang-Paste und Sojasauce unterrühren, dann weitere 2–3 Minuten braten. Zuletzt die dick geschnittenen Frühlingszwiebelringe unterrühren und vom Herd nehmen.

5 Reis auf Schalen verteilen, darauf das Hackfleisch geben. Spinat, Radieschen, Kräuterseitlinge, Süßkartoffel und mit den fein geschnittenen Frühlingszwiebelringen bestreuen. Nach Belieben mit Kimichi (s. S. 22) servieren.

DRUNKEN-NOODLE-BOWL MIT HÄHNCHEN

ZUTATEN

FÜR DAS FLEISCH

180 g Hähnchenbrustfilet

1 TL Speisestärke

1 EL Sojasauce

FÜR DIE WÜRZSAUCE

1 TL Rohrohrzucker

2 ½ EL Sojasauce

2 EL Fischsauce (z. B. Nam pla)

1 EL Austernsauce (aus dem Asien-Laden)

AUSSERDEM

Öl zum Braten

100 g breite Reisnudeln

2 Schalotten

2 Knoblauchzehen

8 g frischer Ingwer

2–3 rote Chilischoten

2 Frühlingszwiebeln

100 g Mini-Maiskolben

1 rote Paprika

1 Bund Thai-Basilikum

2 EL Sake (alternativ trockener Sherry)

SO GEHT'S

1 Die Nudeln im Wasser nach Packungsanweisung einweichen. In ein Sieb abgießen und abtropfen lassen.

2 Währenddessen das Hähnchenfleisch waschen, trocken tupfen und in schmale Scheibchen oder Streifen schnetzeln. In einer Schale mit 1 ½ TL Wasser mit den Händen so lange verkneten, bis das Wasser aufgesogen ist. Dann Speisestärke, Sojasauce und 1 TL Öl dazugeben und alles mischen, 20 Minuten ziehen lassen. Für die Würzsauce Zucker in 2 EL heißem Wasser auflösen und mit Soja-, Fisch- und Austernsauce verrühren.

3 Schalotten schälen und längs in feine Spalten schneiden. Knoblauch schälen und fein würfeln. Ingwer schälen und fein hacken. Chilischoten putzen, waschen und schräg in dünne Ringe schneiden, dabei eventuell die Kerne herausdrücken. Frühlingszwiebeln putzen und waschen, den weißen Teil in etwa 5 cm lange Stücke schneiden und längs halbieren, den grünen Teil in Ringe schneiden. Mais waschen und längs halbieren. Paprika vierteln, putzen, waschen und in dünne Streifen schneiden. Basilikum waschen, trocken schütteln und die Blätter abzupfen.

4 Reichlich Öl in einem Wok erhitzen, das Fleisch darin rundum kurz anbraten, es sollte nur leicht bräunen. Herausnehmen und den Wok eventuell säubern. Erneut etwas Öl dazugeben und Schalotten, Knoblauch, Ingwer und Chilischoten darin kurz andünsten. Dann Frühlingszwiebelstücke, Mais und Paprika dazugeben und unter Rühren 2–3 Minuten braten. Mit Sake und eventuell wenig Wasser ablöschen, damit nichts anbrennt.

5 Fleisch samt Bratensatz, Nudeln, Basilikum und Frühlingszwiebelgrün hinzufügen und die Würzsauce dazugießen. Unter Wenden braten, bis die Flüssigkeit aufgenommen und alles damit überzogen ist. Auf Schalen verteilen und servieren.

TERIYAKI-LACHS-BOWL

ZUTATEN

FÜR DEN LACHS

2 Lachsfilets (à ca. 120 g)

15 g frischer Ingwer

1 Knoblauchzehe

3 EL Sake (alternativ trockener Sherry)

1 EL Zucker

3 EL Sojasauce

3 EL Olivenöl

AUSSERDEM

Reis (s. S. 12)

100 g ausgelöste TK-Edamame

1 große Möhre

1 Avocado

1 EL Zitronensaft

2 Frühlingszwiebeln

200 g Baby-Spinat

Salz - Pfeffer

2 EL Sesam

SO GEHT'S

1 Den Reis, wie auf S. 12 beschrieben, zubereiten. Währenddessen Lachs kalt abspülen und trocken tupfen. Ingwer schälen und fein reiben. Den Knoblauch schälen und fein hacken. Die Hälfte davon mit Ingwer, Sake (oder Sherry), Zucker und Sojasauce verrühren, ziehen lassen. Ausreichend Wasser in einem Topf erhitzen, salzen, darin die Edamame bei mittlerer Hitze 8–10 Minuten garen, anschließend in ein Sieb abgießen und abtropfen lassen.

2 Inzwischen Möhre schälen, putzen und auf der Rohkostreibe in Streifen hobeln (Julienne). Avocado halbieren, Kern und Schale entfernen, das Fruchtfleisch längs in Spalten schneiden. Sofort in Zitronensaft wenden. Frühlingszwiebeln putzen, waschen, trocken schütteln, den weißen und grünen Teil getrennt in feine Ringe schneiden. Spinat waschen und in einem Sieb abtropfen lassen. In einem Topf 1 EL Olivenöl erhitzen, darin den übrigen Knoblauch und die weißen Zwiebelringe andünsten. Spinat zugeben, salzen, pfeffern und bei großer Hitze zusammenfallen lassen. In ein Sieb geben und abtropfen lassen.

3 2 EL Olivenöl in einer kleinen beschichteten Pfanne erhitzen. Lachs leicht salzen und pfeffern. Ins heiße Öl geben und bei mittlerer Hitze ca. 4 Minuten braten, dann wenden und von der anderen Seite ebenfalls 2–3 Minuten bei kleiner bis mittlerer Hitze braten. Lachs vorsichtig aus der Pfanne heben.

4 Überschüssiges Öl aus der Pfanne gießen, Pfanne wieder auf den Herd stellen und die Würzsauce hineingeben. Aufkochen lassen und in 1–3 Minuten dickflüssig – leicht sirupartig – einkochen lassen. Hitze reduzieren, Lachs hineinlegen und in der eingedickten Sauce 1–2 Minuten schwenken.

5 Reis auf Schalen verteilen. Spinat leicht ausdrücken und daraufgeben, daneben die Edamame, Möhren und Avocado. Den Lachs auf den Reis legen und mit der eingekochten Sauce beträufeln. Alles mit Frühlingszwiebelgrün und Sesam bestreuen.

HERBST-BOWL

ZUTATEN

FÜR DIE LINSEN

50 g Lauch
2 EL Olivenöl
1 EL Tomatenmark
120 g Berglinsen
260 ml Gemüsebrühe
4 Zweige Thymian
1–2 TL Aceto balsamico
Salz – Pfeffer

FÜR DEN KÜRBIS

400 g Hokkaido-Kürbis
3 Zweige Thymian
½ Knoblauchzehe
1 EL Olivenöl
Salz – Pfeffer

AUSSERDEM

Rote Bete aus dem Ofen (s. S. 16 und Tipp)
1 große Handvoll Rucola
100 g Schafskäse (Feta)

SO GEHT'S

1 Die Rote Bete, wie auf S. 16 beschrieben, zubereiten. Inzwischen für die Linsen den Lauch putzen, waschen, längs in feine Streifen und diese in feine Stücke schneiden. Olivenöl in einem Topf erhitzen, darin den Lauch goldbraun andünsten. Tomatenmark und Linsen zugeben und unter Rühren kurz anrösten, dann mit Brühe ablöschen. Thymianzweige waschen und im Ganzen dazugeben. Die Linsen einmal kurz aufkochen, dann ca. 30–40 Minuten bei schwacher Hitze garen. Gegen Kochzeitende mit Aceto balsamico, Salz und Pfeffer würzen.

2 Kürbis waschen, Kerne und Fasern entfernen und das Fruchtfleisch in schmale Spalten schneiden. Thymian waschen, trocken schütteln, Blättchen abzupfen und fein hacken. Knoblauch schälen und fein würfeln. Beides mit Olivenöl verrühren, Kürbis damit bestreichen, salzen und pfeffern. Kürbis zu den Roten Beten auf das Blech legen und die letzten 20 Minuten mitgaren.

3 Rucola waschen, verlesen und trocken schleudern. Feta grob zerbröckeln. Rote Beten und Kürbis aus dem Ofen nehmen und kurz abkühlen lassen. Linsen in Schalen geben, Gemüse, Rucola und Schafskäse darauf verteilen und servieren.

TIPP

Wer möchte, kann die Beten auch einfach nur schälen, in dünne Scheiben hobeln, mit 2 EL Olivenöl, Salz und Pfeffer mischen und als Rohkost auf der Bowl anrichten; alternativ passen auch die Rote-Bete-Pickles (s. S. 17) gut dazu.

WINTER-BOWL

ZUTATEN

FÜR DAS OFENGEMÜSE

1 Möhre

1 Pastinake (ca. 100 g)

2 kleine Rote Beten

200 g Lauch

1 rote Zwiebel

1 Knoblauchzehe

1 Zweig Rosmarin

1 Bio-Orange

2 EL Olivenöl

3 Msp. Chiliflocken

Salz – Pfeffer

125 ml Gemüsebrühe

Hirse (s. S. 12)

AUSSERDEM:

125 g Räuchertofu

Orangen-Grünkohl (s. S. 21 oder Tipp)

SO GEHT'S

1 Den Backofen auf 190 °C vorheizen. Das gesamte Gemüse waschen und putzen, Möhre und Pastinake schälen. Möhre schräg in 3 mm dicke Scheiben, Pastinake in 1 cm dicke Stifte, Rote Beten in Achtel und Lauch in 2 cm dicke Ringe schneiden. Zwiebel und Knoblauch schälen, die Zwiebel längs in Achtel schneiden, den Knoblauch in feine Scheiben. Rosmarin waschen, trocken schütteln, Nadeln abzupfen und hacken. Die Orange heiß waschen, abtrocknen, von einer Hälfte die Schale abreiben und den Saft auspressen. Gemüse mit Rosmarin und Orangenschale auf ein (tiefes) Backblech geben.

2 Orangensaft, Olivenöl und Chiliflocken verrühren, zum Gemüse geben und alles gründlich miteinander vermengen, salzen und pfeffern. Im heißen Ofen (Mitte) 35–45 Minuten garen, dabei nach 15 Minuten die Brühe zugießen und während des Garens ein- bis zweimal mit einem Löffel durchmischen.

3 Die Hirse, wie auf S. 12 beschrieben zubereiten und ausquellen lassen. Den Tofu in schmale Scheiben schneiden.

4 Hirse in Schalen verteilen, das Ofengemüse, Grünkohl und Tofu darauf verteilen und servieren.

TIPP

Wer möchte, kann den Grünkohl auch nur klein zupfen und mit 3 EL Orangensaft und etwas Salz mit den Händen durchkneten und 30 Minuten ziehen lassen. Mit Salz und Pfeffer abschmecken.

INDIAN DAL-BOWL

ZUTATEN

FÜR DAS DAL

1 Zwiebel
10 g frischer Ingwer
2 Tomaten – 1 EL Kokosöl
⅓ TL Kreuzkümmelsamen
1 TL Currypulver
100 g rote Linsen
150 ml Kokosmilch
150 ml Gemüsebrühe
1–2 Spritzer Limettensaft
Salz

FÜR DEN BLUMENKOHL

1 kleiner Blumenkohl (ca. 400 g)
Kokosöl zum Braten
½ TL Kreuzkümmelsamen
1 ½ TL gemahlener Koriander
1 TL gemahlener Kreuzkümmel
½ TL Kurkumapulver
¼ TL Chilipulver
Salz

AUSSERDEM

Basmatireis (s. S. 12)
1 Handvoll Baby-Spinat
1 EL gehacktes Koriandergrün

SO GEHT'S

1 Für das Dal Zwiebel und Ingwer schälen und klein würfeln. Die Tomaten waschen und klein würfeln, dabei den Stielansatz entfernen. Kokosöl in einem Topf erhitzen, darin Zwiebel, Ingwer, Tomaten und Kreuzkümmelsamen bei mittlerer Hitze braten, bis die Zwiebel hell bräunt. Currypulver und Linsen zugeben, kurz mitrösten, dann mit Kokosmilch und Gemüsebrühe aufgießen, Limettensaft und 1 Prise Salz zugeben und alles bei mittlerer Hitze zugedeckt 20–25 Minuten garen.

2 Gleichzeitig den Basmatireis, wie auf S. 12 beschrieben, zubereiten. Blumenkohl waschen, putzen und in Röschen brechen. Die Röschen kleiner schneiden, auf einen Dämpfeinsatz oder einen Dämpfkorb geben und salzen. Dämpfeinsatz in einen Topf mit wenig Wasser setzen und den Blumenkohl 10–15 Minuten garen; er sollte noch reichlich Biss haben.

3 Spinat waschen, verlesen und trocken schleudern. Blumenkohl herausnehmen und etwas abkühlen lassen. Reichlich Kokosöl in einem Topf erhitzen, darin die Kreuzkümmelsamen anrösten. Blumenkohl und die übrigen Gewürze zugeben, salzen und unter Rühren braten, bis der Blumenkohl schön gebräunt ist.

4 Den Reis in Schalen verteilen, Spinat, den Gewürz-Blumenkohl und das Dal daraufgeben. Mit Koriandergrün bestreuen.

ERNTE-DANK-BOWL

ZUTATEN

FÜR DEN OFENKÜRBIS

½ Hokkaido-Kürbis (400 g)

1 Knoblauchzehe

2 EL Olivenöl

5 Zweige Thymian

Salz – Pfeffer

FÜR DAS DRESSING

1 TL Dijon-Senf

3 TL Honig

2-3 EL Weißweinessig

2 EL Olivenöl

Salz – Pfeffer

AUSSERDEM

100 g Beluga-Linsen (ersatzweise Puy-Linsen)

3 EL Kürbiskerne

50 g rote und grüne Trauben

1 kleine Birne

60 g Baby-Spinat

150 g dünne Ziegenkäserolle

SO GEHT'S

1 In einem Topf ca. 400 ml Wasser aufkochen. Linsen zugeben und bei mittlerer Hitze zugedeckt ca. 20–25 Minuten garen. Sie sollten am Ende noch Biss haben und nicht zerfallen.

2 Den Backofen auf 220 °C vorheizen. Den Kürbis waschen, Kerne und Fasern herauskratzen, dann den Kürbis längs in ca. 1 cm breite Spalten schneiden. Knoblauch schälen und zum Öl pressen. Thymian waschen, trocken schütteln, Blättchen abzupfen und fein hacken. Etwas mehr als die Hälfte davon mit Knoblauchöl und Kürbis in eine ofenfeste Form geben. Gut durchmischen, bis der Kürbis gleichmäßig mit Öl überzogen ist, dann salzen und pfeffern. Im heißen Ofen (Mitte) in 15–20 Minuten garen, dabei einmal zwischendurch durchrühren.

3 Inzwischen die Kürbiskerne in einer Pfanne ohne Fett rösten, bis sie bräunen und duften, dann abkühlen lassen. Senf, 1 TL Honig, Essig und Öl verrühren und mit Salz und Pfeffer würzen. Trauben waschen, von den Stielen zupfen und halbieren, nach Wunsch Kerne entfernen. Die Birne waschen, längs vierteln, das Kerngehäuse entfernen und die Viertel in schmale Spalten schneiden. Spinat waschen, verlesen und trocken schleudern.

4 Den Ziegenkäse in ca. 1 cm dicke Scheiben schneiden und auf ein mit Backpapier ausgelegtes Blech setzen. Den übrigen Honig und Thymian darauf verteilen und mit Pfeffer würzen. Den fertigen Kürbis aus dem Ofen nehmen und den Grill zuschalten. Den Käse nun im heißen Ofen (oben) 3–5 Minuten grillen, bis er schön gebräunt ist.

5 Währenddessen die Linsen in ein Sieb abgießen, kurz abtropfen lassen und sofort mit dem Dressing mischen. Spinat, Birne, Trauben und warme Kürbisspalten darauf anrichten und den Ziegenkäse darauflegen. Alles mit Kürbiskernen bestreuen.

SEOUL-SOULFOOD-BOWL

ZUTATEN

400 g Rosenkohl

3 ½ EL Gochujang-Paste (s. Tipp)

Saft von 2 Mandarinen

3 EL Ahornsirup

2 EL Sojasauce

Salz – Pfeffer

AUSSERDEM

Reis (s. S. 12)

1 dicke Möhre

120 g weißer Rettich

2 Frühlingszwiebeln

1 EL Reisessig

½ - ¾ TL Chiliflocken

2 TL geröstetes Sesamöl

1 Handvoll Japanese Greens (alternativ Baby-Leaves)

Öl zum Braten

2 Eier

Kimchi (s. S. 22, nach Belieben)

1 EL schwarzer Sesam

SO GEHT'S

1 Den Backofen auf 220 °C vorheizen. Den Rosenkohl waschen, äußere unschöne Blätter entfernen, dann die Röschen längs halbieren. 1 ½ EL Gochujang-Paste mit 3 EL Mandarinensaft, 2 EL Ahornsirup und 1 EL Sojasauce verrühren. Den Rosenkohl gründlich in dieser Würzpaste wenden und in eine ofenfeste Form geben, salzen und pfeffern. Im heißen Ofen (Mitte) ca. 25 Minuten garen, dabei ein- bis zweimal durchrühren und mit dem übrigen Mandarinensaft (dabei 4 EL zurückbehalten) begießen, eventuell noch ein wenig Öl darüberträufeln.

2 Inzwischen den Reis, wie auf S. 12 beschrieben, zubereiten. Die Möhre und den Rettich getrennt schälen, putzen und in feine Streifen (Julienne) hobeln. Die Frühlingszwiebeln putzen, waschen und trocken schütteln. Den weißen Teil längs vierteln und die Viertel fein hacken. Den grünen Teil in feine Ringe schneiden.

3 Die weißen Zwiebelstücke mit dem Rettich, Essig und der Hälfte Chiliflocken mischen, leicht salzen, mit den Händen durchkneten und ziehen lassen. Die Möhren mit den übrigen Chiliflocken, der Hälfte der grünen Zwiebelringe, der übrigen Sojasauce und 1 TL Sesamöl mischen und ebenfalls ziehen lassen. Salatblätter waschen und trocken schleudern. Restliche Gochujang-Paste, übrigen Ahornsirup und Sesamöl sowie 4 EL Mandarinensaft mit 1–2 EL Wasser zu einer nicht zu flüssigen Sauce verrühren.

4 In einer Pfanne 1–2 EL Öl erhitzen und die Eier zu Spiegeleiern braten, dabei sollte das Eigelb noch flüssig sein. Reis auf Schalen verteilen und darauf Rosenkohl, Möhre, Rettich, Japanese Greens und nach Belieben Kimchi in einzelnen Häufchen anordnen. Die Sauce in die Mitte geben. Die Spiegeleier mittig darauflegen, alles mit Sesam bestreuen und servieren.

TIPP

Die extrem scharfe fermentierte Gochujang-Paste aus Korea gilt unter Gesundheitsbewussten als absoluter Geheimtipp. Sie macht Speisen bekömmlicher und fördert gleichzeitig die Verdauung. Man bekommt sie im Asien-Laden. Wer dort nicht fündig wird, kann auf chinesische Bohnenpaste mit Chili (Doubanjiang) zurückgreifen, die der koreanischen ähnelt.

COSY-WINTER-BOWL

ZUTATEN

FÜR DAS OFENGEMÜSE

1 Rote Bete

2 Möhren

1 Stange Lauch

3 Schalotten

1 Knoblauchzehe

3 Zweige Thymian

1 EL Ahornsirup – 2 ½ EL Olivenöl

1 EL Zitronensaft

Salz – Pfeffer

FÜR DIE WALNUSSSAUCE

50 g Walnusskerne

80 g Schafskäse (z. B. Feta)

120 g Joghurt (3,5 % Fett)

2 EL Olivenöl

2 Zweige Thymian

6 Stängel Petersilie

1–2 Spritzer Zitronensaft

Salz–Pfeffer

Chilipulver

AUSSERDEM

Buchweizen (s. S. 12)

1 Handvoll Feldsalat

SO GEHT'S

1 Den Backofen auf 200 °C vorheizen. Inzwischen die Rote Bete schälen und achteln (dazu Gummihandschuhe tragen, sie färbt stark). Möhren putzen, schälen und schräg in knapp 1 cm dicke Scheiben schneiden. Lauch waschen, putzen und in gut 1 cm breite Ringe schneiden, Schalotten schälen und längs halbieren.

2 Das Gemüse in eine ofenfeste Form geben. Knoblauch schälen und fein hacken. Thymian waschen, trocken schütteln, die Blättchen abzupfen und fein hacken. Beides mit Ahornsirup, Öl und Zitronensaft mischen und mit dem Gemüse vermengen, salzen und pfeffern. Im heißen Ofen (Mitte) in 20–25 Minuten garen. Den Buchweizen, wie auf S. 12 beschrieben, zubereiten.

3 Für die Sauce die Walnüsse in einer Pfanne ohne Fett rösten, bis sie duften. Abkühlen lassen und grob zermahlen. Den Schafskäse trocken tupfen und mit einer Gabel fein zerbröckeln. Schafskäse und Walnüsse mit Joghurt und Olivenöl verrühren. Thymian und Petersilie waschen, trocken schütteln, Blättchen abzupfen, fein hacken und ebenfalls unterrühren. Mit Zitronensaft, Salz, Pfeffer und etwas Chilipulver abschmecken.

4 Den Feldsalat waschen, putzen und trocken schleudern. Buchweizen auf Schalen verteilen. Das Ofengemüse darauf drapieren und den Feldsalat daneben anrichten. Vor dem Servieren die Walnusssauce darüber träufeln.

SEELENTRÖSTER-BOWL

ZUTATEN

FÜR DAS SÜSS-KARTOFFELPÜREE

2 Süßkartoffeln (ca. 500 g)

Salz – Pfeffer

3 Zweige Thymian

4 EL Butter

1 kleine Knoblauchzehe

1 TL Honig

2–3 EL Zitronensaft

frisch geriebene Muskatnuss

FÜR DEN RUCOLA

1 großes Bund Rucola

1 TL Senf

1 TL Weißweinessig

1 EL Zitronensaft

Salz – Pfeffer

2 EL Olivenöl

AUSSERDEM

Quinoa-Mix (s. S. 13)

2 Tomaten

3 EL Kürbiskerne

2 Eier

Chiliflocken

SO GEHT'S

1 Quinoa-Mix, wie auf S. 13 beschrieben, zubereiten. Gleichzeitig die Süßkartoffeln mit einem Sparschäler schälen und in ca. 1 cm große Würfel schneiden. In einem Topf ausreichend Wasser zum Kochen bringen, salzen. Süßkartoffeln hineingeben und in 20–25 Minuten zugedeckt bei mittlerer Hitze garen.

2 Inzwischen den Rucola waschen und trocken schütteln, grobe Stiele entfernen, die Blätter eventuell kleiner zupfen. Senf mit Essig und Zitronensaft verrühren, salzen, pfeffern, dann kräftig das Öl unterschlagen. Die Tomaten waschen, halbieren und die Kerne mit einem Löffel herauslösen. Das Fruchtfleisch in kleine Würfel schneiden, dabei den Stielansatz entfernen. Die Kürbiskerne in einem Pfännchen ohne Fett rösten, bis sie duften, dann herausnehmen und abkühlen lassen.

3 Thymian waschen, trocken schütteln, die Blättchen abzupfen und fein hacken. 3 EL Butter in einem Pfännchen zerlassen. Den Knoblauch schälen, in die Butter pressen und kurz andünsten. Thymian hineingeben und kurz mitdünsten, dann Honig und 2 EL Zitronensaft unterrühren.

4 Das Wasser abgießen und die Kartoffeln kurz offen auf der ausgeschalteten Herdplatte ausdampfen lassen, dann mit dem Kartoffelstampfer mehr oder weniger grob pürieren. Die Thymianbutter unterrühren und mit Salz, Pfeffer, Muskat und nochmals Zitronensaft abschmecken und zugedeckt warm halten.

5 1 EL Butter in einem Pfännchen erhitzen, darin die Eier zu Spiegeleiern braten, salzen und pfeffern. Den Rucola mit dem Dressing mischen. Quinoa auf Schalen verteilen. Süßkartoffelpüree daraufgeben. Jeweils 1 Spiegelei, Rucola und Tomatenwürfel daneben anrichten und alles mit den Kürbiskernen bestreuen. Wer Schärfe liebt, streut Chiliflocken darüber.

EASY-HERBST-BOWL

ZUTATEN

FÜR DEN ROSENKOHL

300 g Rosenkohl

2 Möhren

1 TL Zucker

3 EL Aceto balsamico bianco

1 TL körniger Senf

4 EL Olivenöl

⅓ TL getrockneter Thymian

Salz – Pfeffer

Saft von 1–2 Orangen

FÜR DAS DRESSING

150 g veganer Mandeljoghurt (s. Tipp)

½ TL Currypulver

1 TL Ahornsirup oder Agavendicksaft

AUSSERDEM

Dinkel (s. S. 12, alternativ Reis)

1 Gelbe Bete

1 Handvoll Feldsalat

1 große Zwiebel

1 Avocado

SO GEHT'S

1 Den Backofen auf 220 °C vorheizen. Rosenkohl waschen, putzen und längs halbieren. Möhren schälen, putzen und schräg in ca. 5 mm dicke Stücke schneiden. Den Zucker mit Essig, Senf, 2 EL Olivenöl und getrocknetem Thymian in einer ofenfesten Form mischen. Das Gemüse hineingeben und alles gut vermengen, dann mit Salz und Pfeffer würzen. Im heißen Ofen (Mitte) ca. 20 Minuten garen. Dann 4–5 EL Orangensaft und knapp 1 EL Öl zugeben, alles durchmischen und in ca. 15 weiteren Minuten fertig garen – eventuell nochmals durchmischen.

2 Währenddessen den Dinkel, wie auf S. 12 beschrieben, zubereiten. Gelbe Bete waschen, schälen und putzen und in ganz feine Scheiben hobeln. Feldsalat putzen, waschen, trocken schütteln und eventuell etwas kleiner zupfen. Zwiebel längs halbieren und in schmale Streifen schneiden.

3 Mandeljoghurt mit 5–6 EL Orangensaft, Currypulver und Ahornsirup verrühren, mit Salz und Pfeffer würzen. Avocado längs halbieren, Schale und Kern entfernen, das Fruchtfleisch würfeln und in ein wenig Orangensaft wenden.

4 Übriges Öl in einer Pfanne erhitzen, darin die Zwiebel bei mittlerer Hitze goldbraun braten. Dinkel auf Schalen verteilen, Feldsalat daraufgeben, darauf Gelbe Bete und Avocado, das Ofengemüse daneben anrichten. Röstzwiebeln über alles verteilen und die Bowls mit dem Dressing servieren.

TIPP

Veganen, ungesüßten Mandeljoghurt auf Basis von Mandeldrink (oder anderer Nussmilch) gibt es inzwischen einfach in Bioläden zu kaufen.

GRÜNKOHL-UDON-NUDELN MIT TOFU

ZUTATEN

200 g Natur-Tofu

8 Shiitake-Pilze

250 g Grünkohlblätter

1 rote Paprika

1 Knoblauchzehe

10 g frischer Ingwer

1 rote Chilischote

Erdnussöl zum Braten

3 EL Speisestärke

4 EL Sojasauce

100 ml Asia-Gemüsebrühe (s. S. 55)

1 EL Hoisin-Sauce

Rohrohrzucker

200 g frische Udon-Nudeln (vakuumverpackt)

SO GEHT'S

1 Tofu trocken tupfen bzw. möglichst viel Flüssigkeit zwischen einem sauberen Tuch ausdrücken, dann in etwa 2 x 3 cm große Stücke schneiden. Shiitake-Pilze säubern und die Stiele entfernen, die Hüte in etwa 1 cm breite Streifen schneiden. Grünkohl waschen, abzupfen, in mundgerechte Stücke teilen und trocken schleudern. Die Paprika halbieren, putzen, waschen und längs in Streifen schneiden. Knoblauch und Ingwer schälen und fein würfeln. Chilischote halbieren, entkernen, waschen und fein hacken.

2 Reichlich Öl (etwa 5 cm hoch) in einem Wok erhitzen. Den Tofu zügig in Speisestärke wenden, dabei überschüssige Speisestärke abklopfen. Den Tofu im Öl so lange braten bzw. frittieren, bis er bräunt. Dann mit dem Schaumlöffel herausnehmen und auf Küchenpapier abtropfen lassen.

3 Das Öl bis auf einen kleinen Rest abgießen und die Pilze darin unter Rühren 2 Minuten braten, dann herausnehmen oder an den Rand schieben. Grünkohl, Paprika, Knoblauch, Ingwer und gehackte Chilischote dazugeben und unter Rühren 1–2 Minuten anbraten. Mit Sojasauce und Brühe ablöschen und bei mittlerer Hitze 5–7 Minuten weiter garen, bis die Flüssigkeit fast vollständig eingekocht ist.

4 Gemüse zur Seite an den Wokrand schieben, Hoisin-Sauce und 2 Prisen Zucker unterrühren und mit der Brühe dick einkochen lassen. Dann Udon-Nudeln, Pilze und Tofu so lange untermischen, bis alles gut von der Sauce überzogen ist. Zuletzt Grünkohl-Paprika-Mischung wieder untermischen, kurz unter Rühren erhitzen und heiß servieren.

TOSKANA-BOWL

ZUTATEN

FÜR DIE TOMATEN

300 g Kirschtomaten

1 kleine Knoblauchzehe

1 Zweig Rosmarin

1 ½ EL Olivenöl

1 TL Aceto balsamico

Salz – Pfeffer

Zucker

FÜR DIE BOHNEN

1 Dose weiße Bohnen (400 g Füllgewicht)

½ Knoblauchzehe

8 Salbeiblätter

1 EL Olivenöl

1 TL Tomatenmark

Salz – Pfeffer

AUSSERDEM

125 g Zartweizen (Ebly®)

gedünsteter Schwarzkohl (s. S. 20)

SO GEHT'S

1 Den Backofen auf 200 °C vorheizen. Die Tomaten waschen und in eine kleine ofenfeste Form geben. Knoblauch schälen und in Scheiben schneiden, Rosmarin waschen, Nadeln abzupfen und fein hacken. Knoblauch zu den Tomaten geben, Rosmarin darüberstreuen, mit Olivenöl und Aceto balsamico beträufeln, mit Salz und Pfeffer würzen und mit 1 Prise Zucker bestreuen. Im heißen Ofen (Mitte) 20–25 Minuten garen, nach ca. 15 Minuten Garzeit einmal gut durchrühren.

2 Inzwischen Zartweizen nach Packungsangabe garen und warm halten. Schwarzkohl, wie auf S. 20 beschrieben, zubereiten.

3 Gleichzeitig die weißen Bohnen abgießen, dabei die Einlegeflüssigkeit auffangen. Knoblauch schälen und fein hacken, Salbei abreiben und in Streifen schneiden. Olivenöl in einem Pfännchen erhitzen, darin den Knoblauch und Salbei andünsten, Tomatenmark unterrühren. Etwas von dem Bohnenwasser und die Bohnen zugeben und salzen und pfeffern. Bei schwacher bis mittlerer Hitze 5–7 Minuten garen, sodass am Ende die Flüssigkeit komplett verdunstet ist.

4 Zartweizen auf Schalen verteilen. Bohnen, Kohl und Tomaten darauf verteilen und genießen.

TIPP

Wer möchte, gibt für eine vegetarische Variante noch etwas zerbröckelten Parmesan oder einen Klecks Ricotta darauf.

SUPER-BOWLS

SHEHRAZADES WUNDER-BOWL

ZUTATEN

FÜR DEN SAFRANREIS

125 g Basmatireis

1 TL Butter

2 Msp. Safranpulver

Salz

FÜR DEN MINZJOGHURT

150 g Joghurt (3,5 % Fett)

1 EL gehackte Minzeblätter

⅓ TL gemahlener Kreuzkümmel

Salz – Pfeffer

FÜR DAS HUHN

2 EL Olivenöl

180 g Hähnchenbrustfilet

Salz – Pfeffer

200 ml Hühnerbrühe

1 ½ TL Honig

Saft von ½ Zitrone

¾ TL Ras el Hanout (arabische Gewürzmischung; aus dem Bio-Laden)

AUSSERDEM

½ Granatapfel

1 kleines Bund Brunnenkresse

SO GEHT'S

1 Den Reis in ein Sieb geben, kalt abbrausen und abtropfen lassen. Die Butter in einem Topf schmelzen, Reis zugeben und kurz durchrühren, dann 230 ml Wasser und Safran zugeben. Salzen, aufkochen lassen und den Reis zugedeckt bei kleinster Hitze etwa 20–25 Minuten garen.

2 Inzwischen alle Zutaten für den Joghurt verrühren und mit Salz und Pfeffer würzen. Kerne aus dem Granatapfel lösen, Brunnenkresse waschen, verlesen, trocken schleudern und klein zupfen.

3 Für das Huhn in einer kleinen Pfanne das Öl erhitzen, darin das Fleisch rundum braun anbraten, salzen und pfeffern. Mit Brühe ablöschen, Honig, gut zwei Drittel Zitronensaft und Ras el Hanout einrühren. Das Hähnchenfleisch darin 12–15 Minuten bei mittlerer Hitze garen. Dann das Fleisch herausnehmen und in Alufolie wickeln. Den Honigsud bei starker Hitze sirupartig einkochen, mit Salz, Pfeffer und Zitronensaft abschmecken.

4 Das Fleisch in Scheiben schneiden. Reis in Schüsseln verteilen, das Fleisch daraufgeben und mit Honigsud beträufeln. Brunnenkresse, Granatapfel und Minzjoghurt ebenfalls auf den Reis geben und servieren.

TANDOORI-CHICKEN-BOWL

ZUTATEN

FÜR DAS TANDOORI-HUHN

250 g Hähnchenbrustfilet

1 EL Joghurt (3,5 % Fett)

1 EL Tandoori-Paste (oder -Pulver, aus dem Asien-Laden)

½ Knoblauchzehe

FÜR DIE RAITA

⅔ Bund Koriandergrün

3 Stängel Minze

100 g Joghurt (3,5 % Fett)

½ Knoblauchzehe

⅓ TL gemahlener Kreuzkümmel

Salz – Pfeffer

1–2 TL Limettensaft

FÜR DEN MANGOSALAT

1 kleine Mango

1 kleine rote Zwiebel

10 g frischer Ingwer

1 kleine rote Chilischote

2 EL Limettensaft

⅓ Bund Koriandergrün – Salz

AUSSERDEM

Basmatireis (s. S. 12)

Rote Bete mit Kokos (s. S. 16)

SO GEHT'S

1 Hähnchenfleisch längs in 2 gleich große Stücke schneiden. Joghurt mit Tandoori-Paste verrühren, Knoblauch schälen und dazupressen. Marinade mit Hähnchenfleisch mischen und zugedeckt 12 Stunden (über Nacht) marinieren.

2 Für die Raita Koriandergrün und Minze waschen, trocken schütteln, Blättchen abzupfen, fein hacken und mit Joghurt mischen. Knoblauch schälen und dazupressen. Mit Kreuzkümmel, Salz, Pfeffer und Limettensaft würzen. Zugedeckt kühl stellen.

3 Mango schälen und in Stücke schneiden. Zwiebel schälen, längs halbieren und in feine Ringe schneiden. Ingwer schälen, Chilischote waschen und entkernen. Beides fein hacken und mit Limettensaft mischen. Koriandergrün waschen, trocken schütteln, Blättchen abzupfen und grob zerzupfen. Alles mischen, mit Salz abschmecken und ziehen lassen.

4 Den Reis, wie auf S. 12 beschrieben, zubereiten. Inzwischen den Ofen auf 225 °C vorheizen. Fleisch samt Marinade direkt auf ein Blech geben und salzen. Im heißen Ofen (Mitte) 12–15 Minuten garen. Herausnehmen und ruhen lassen. Die Kokos-Rote-Beten, wie auf S. 16 beschrieben, zubereiten.

5 Fleisch in Scheiben schneiden. Reis in Schüsseln füllen und das Fleisch auf eine Seite der Schale setzen, Rote Bete, Raita und Mangosalat auf der anderen Seite nebeneinander anordnen.

PULLED-CHICKEN-BOWL

ZUTATEN

FÜR DAS PULLED CHICKEN

2 Hähnchenkeulen (à ca. 200 g)

Salz – Pfeffer

1 rote Zwiebel

1 Knoblauchzehe

6–7 EL Barbecue-Sauce

FÜR DEN COLESLAW

120 g Rotkohl

1 Möhre

2–3 EL Limettensaft

Salz

3 EL saure Sahne

2 EL gehacktes Koriandergrün

3 Msp. gemahlener Kreuzkümmel

Zucker – Pfeffer

AUSSERDEM

125 g Wildreismischung

1 Dose Mais
(140 g Abtropfgewicht)

1 kleine Avocado

1 TL Limettensaft

Salz – Pfeffer

1–2 EL gehacktes Koriandergrün

SO GEHT'S

1 Für das Pulled Chicken den Backofengrill auf mittlerer Stufe vorheizen (ideal mit Umluft). Hähnchenkeulen rundum salzen und pfeffern. Zwiebel und Knoblauch schälen, Zwiebel in Ringe, Knoblauch in Scheiben schneiden. Beides in einer ofenfesten Form auslegen, die Hähnchenkeulen mit der Hautseite nach oben darauflegen. Die Form gut mit Alufolie verschließen und die Hähnchenkeulen m heißen Ofen ca. 1 Stunde garen. Anschließend mit 3 EL Barbecue-Sauce rundum bestreichen und weitere 30–45 Minuten mit Folie abgedeckt garen.

2 Inzwischen für den Coleslaw den Rotkohl waschen, Strunk wegschneiden und den Kohl in feine Streifen hobeln oder schneiden. Die Möhre schälen und grob raspeln. Den Kohl mit 1 EL Limettensaft und 1 kräftigen Prise Salz mischen, mit den Händen weich kneten (dazu Gummihandschuhe tragen, er färbt ab!). Möhren mit 1 EL Limettensaft mischen. Übrigen Limettensaft mit saurer Sahne, Koriandergrün und Kreuzkümmel verrühren. 1 Prise Zucker hinzugeben, dann salzen und pfeffern.

3 Den Reis nach Packungsanweisung garen. Mais in ein Sieb abgießen und abtropfen lassen. Avocado halbieren, Stein und Schale entfernen, das Fruchtfleisch würfeln und sofort in Limettensaft wenden, leicht salzen und pfeffern.

4 Rotkohl, Möhren und Sahnedressing mischen, nochmal mit Salz und Pfeffer abschmecken und ziehen lassen. Das Hähnchen aus dem Ofen nehmen und die Keulen etwas abkühlen lassen. Den Garsud mit der übrigen Barbecue-Sauce mischen und nach Wunsch pürieren. Hähnchenfleisch samt Haut mit zwei Gabeln von den Knochen lösen, faserig zerzupfen und mit der Barbecue-Sauce mischen.

5 Den Reis auf Schalen verteilen, Pulled Chicken, Avocado, Mais und Coleslaw daraufgeben und zum Schluss mit frischem Koriandergrün bestreuen.

SCHNELLE DAN-DAN-NUDELN MIT MANGOLD

ZUTATEN

FÜR DIE WÜRZSAUCE

4 EL Sojasauce

1 EL Hoisin-Sauce (aus dem Asien-Laden)

2 TL Sake (alternativ trockener Sherry)

2 EL geröstetes Sesamöl

1 EL Tahin (Sesampaste)

1–3 TL japanisches Chiliöl (aus dem Asien-Laden)

½ Zimtstange

1 Sternanis

AUSSERDEM

250 g (gelbstieliger) Mangold

100 g getrocknete Udon-Nudeln

Salz

1 dicke Möhre

1 Zwiebel – 2 Knoblauchzehen

Öl zum Braten

2 EL Erdnusskerne

250 g mageres Rinderhackfleisch

2–3 EL grüne Frühlingszwiebelringe

SO GEHT'S

1 Für die Würzsauce Soja- und Hoisin-Sauce mit Sake, Sesamöl und Tahin verrühren. 1 TL Chiliöl, Zimtstange und Sternanis unterrühren und alles ziehen lassen.

2 Den Mangold putzen, waschen, die Stiele in kurze Stücke schneiden, die Blätter in dickere Streifen schneiden. Die Nudeln nach Packungsanweisung in Salzwasser garen, dabei die Mangoldstiele in den letzten 5 Minuten der Garzeit dazugeben, die Blätter in den letzten 1–2 Minuten mitgaren. Alles in ein Sieb abgießen, dabei das Kochwasser auffangen, Nudeln und Mangold kalt abschrecken und abtropfen lassen.

3 Die Möhre schälen und in feine Streifen (Julienne) schneiden. Zwiebel und Knoblauch schälen, Zwiebel in Streifen schneiden, Knoblauch fein hacken. Etwas Öl im Wok erhitzen und die Erdnusskerne darin goldbraun rösten, dann herausnehmen. Erneut etwas Öl dazugeben und Hackfleisch, Möhre, Zwiebel und Knoblauch darin unter Rühren bei starker Hitze krümelig braten. Dann die Würzsauce und 4–5 EL Nudelkochwasser hinzufügen und unter Rühren 3–5 Minuten braten, bis die Flüssigkeit fast vollständig eingekocht und das Fleisch rundum gebräunt ist. Zimtstange und Anis wieder entfernen.

4 Die Nudeln samt Mangold und 3–5 EL Nudelwasser dazugeben und alles unter Rühren erhitzen. Mit Salz und übrigem Chiliöl würzen. Die Erdnusskerne unterheben und die Nudeln mit den Frühlingszwiebelringen bestreut servieren.

HOT-PEPPER-STEAK-BOWL

ZUTATEN

FÜR DAS PAPRIKAGEMÜSE

je 1 gelbe und rote Paprika

1 Knoblauchzehe

Öl zum Braten

Salz – Pfeffer

1 TL gemahlener Kreuzkümmel

1 EL Honig

Saft von 1 Orange

½–¾ TL Pimentón de la vera (s. Tipp)

AUSSERDEM

Reis (s. S. 12)

1 Dose schwarze Bohnen (400 g Füllgewicht)

2 Tomaten

1 Bund Koriandergrün

1 reife Avocado

1 Limette

6 Blätter Eisbergsalat

4 EL saure Sahne

1 Rindersteak (180 g)

1 ½ TL grob gemahlener Pfeffer

SO GEHT'S

1 Reis, wie auf S. 12 beschrieben, garen. Inzwischen Paprika halbieren, putzen, waschen und quer in 1 cm breite Streifen schneiden. Knoblauch schälen und halbieren, eine Hälfte fein hacken. Ausreichend Öl in einer beschichteten Pfanne erhitzen, darin Paprika bei großer Hitze 2–3 Minuten unter gelegentlichem Rühren braten, bis sie an den Rändern bräunen. Salzen, pfeffern, ½ TL Kreuzkümmel und Honig zugeben und aufkochen. Mit Orangensaft ablöschen, Pimentón de la vera unterrühren und zugedeckt bei kleiner Hitze 8–10 Minuten garen. 3–5 Minuten offen weitergaren, bis fast alle Flüssigkeit verdunstet ist.

2 Bohnen in ein Sieb abgießen, abtropfen lassen. Tomaten waschen, halbieren, Hälften in dünne Spalten schneiden, Stielansatz entfernen. Koriandergrün waschen, trocken schütteln, Blättchen abzupfen und fein hacken. Avocado halbieren, Kern und Schale entfernen, Hälften längs in Spalten schneiden. Limette halbieren, von 1 Hälfte den Saft auspressen und Avocado damit beträufeln. Die andere Limettenhälfte in 4 Stücke schneiden.

3 Salat waschen, trocken schütteln. Blätter übereinanderlegen und quer in dünne Streifen schneiden. Saure Sahne mit übrigem Kreuzkümmel und 2 TL Limettensaft verrühren. Übrigen Knoblauch dazupressen und die Creme mit Salz und Pfeffer abschmecken, etwa die Hälfte Koriandergrün unterrühren. Vom restlichen Koriandergrün etwa die Hälfte mit den Bohnen mischen.

4 Steak trocken tupfen und rundum im grob gemahlenen Pfeffer wenden, diesen andrücken. Öl in einer beschichteten Pfanne erhitzen, darin das Steak bei mittlerer Hitze in 5–7 Minuten beidseitig braten, vom Herd nehmen und kurz ziehen lassen.

5 Reis auf Schalen verteilen. Bohnen, Tomaten, Avocado und Salat darauf verteilen. Das Fleisch in Scheiben schneiden und darauflegen. Paprikagemüse daraufgeben. Saure Sahne in die Mitte geben. Alles mit restlichem Koriandergrün bestreuen und mit Limettenstücken zum Beträufeln servieren.

TIPP

Bei Pimentón de la vera handelt es sich um gemahlene, geräucherte Paprika. Die Würzspezialität stammt aus Spanien und ist in mild (dulce) und scharf (picante) erhältlich – hier einfach nehmen, worauf man mehr Lust hat. Ansonsten geht auch anderes geräuchertes Chilipulver.

HEALTHY KEBAB-BOWL

ZUTATEN

FÜR DEN JOGHURTDIP

3 Stängel Minze

⅓ Bund Petersilie

½ Bio-Zitrone

150 g griechischer Joghurt (10 % Fett)

Salz – Pfeffer

½ TL gemahlener Kreuzkümmel

FÜR DIE BOHNEN

300 g dicke grüne TK-Bohnen

Salz – Pfeffer

1 Knoblauchzehe

1 Bund Dill

3 EL Olivenöl

FÜR DAS FLEISCH

200 g Lammfleisch (aus der Keule)

1 Knoblauchzehe

3 EL Olivenöl

¾ TL gemahlener Kreuzkümmel

2–3 Msp. Chiliflocken

Salz – Pfeffer

AUSSERDEM

Bulgur (s. S. 13)

Rote Bete – Schnelle Pickles (s. S. 17)

SO GEHT'S

1 Für den Dip Kräuter waschen, trocken schütteln, Blättchen abzupfen und fein hacken. Zitrone heiß waschen, Schale abreiben und den Saft auspressen. Den Joghurt mit ½ TL Zitronenschale, 1 EL Zitronensaft und den Kräutern mischen. Mit Salz, Pfeffer und Kreuzkümmel würzen und ziehen lassen.

2 Bulgur, wie auf S. 13 beschrieben, zubereiten und ausquellen lassen. Die Bohnen in Salzwasser ca. 10 Minuten garen und abgießen. Währenddessen den Knoblauch schälen und fein würfeln. Dill waschen, trocken schütteln, die Spitzen abzupfen und grob hacken. Öl in einem Topf erhitzen, den Knoblauch darin andünsten. Bohnen und Dill zugeben, im Öl schwenken und salzen und pfeffern. Anschließend warm halten.

3 Fett und Sehnen vom Fleisch wegschneiden, dann das Fleisch in schmale Streifen schnetzeln. Knoblauch schälen und fein hacken. Öl in einer beschichteten Pfanne erhitzen. Darin das Fleisch bei starker Hitze braun braten, Kreuzkümmel und Chiliflocken unterrühren, salzen und pfeffern.

4 Bulgur auf Schalen verteilen, darauf das Fleisch geben, daneben Bohnen, Joghurtdip und Rote-Bete-Pickles platzieren. Übrige Zitronenschale vom Dip über die Bohnen streuen.

TIPP

Wer keine Pickles im Vorrat hat, kann alternativ auch einfach rohe oder leicht gebratene Zwiebelringe dazu reichen.

KOREANISCHE NUDEL-BOWL MIT RINDFLEISCH

ZUTATEN

120 g Rindersteak

2 Knoblauchzehen

5 ½ EL Sojasauce

1 EL Sake (alternativ trockener Sherry)

1 TL Honig

2–2 ½ EL geröstetes Sesamöl

1 Ei (Größe M)

Salz

Öl zum Braten

1 dicke Möhre

100 g Shiitake-Pilze

1 Zwiebel

200 g Baby-Spinat

1 TL Sesam

Pfeffer

100 g Buchweizennudeln

SO GEHT'S

1 Das Fleisch in schmale Streifen schneiden. Knoblauch schälen, in eine Schale pressen und mit 4 EL Sojasauce, Sake, Honig und 1 TL Sesamöl verrühren. 1 EL davon abnehmen und mit dem Rindfleisch mischen, den Rest beiseitestellen. Das Ei verquirlen und leicht salzen. Eine beschichtete Pfanne mit Öl ausstreichen, das Ei hineingießen und darin gerade stocken lassen, es sollte nicht bräunen. Das Omelett herausnehmen und abkühlen lassen, dann aufrollen und in feine Ringe bzw. Streifen schneiden.

2 Möhre schälen und in feine Streifen (Julienne) schneiden. Die Pilze säubern, die Stiele entfernen und die Hüte in breite Streifen schneiden. Zwiebel schälen und längs in etwa 5 mm dicke Spalten schneiden. Spinat waschen und verlesen.

3 Sesam im Wok rösten, herausnehmen und abkühlen lassen. Den Spinat tropfnass im Wok gerade zusammenfallen lassen. Herausnehmen, in einem Sieb ausdrücken, dann jeweils mit ½ TL Sojasauce und Sesamöl beträufeln. Wok säubern, etwas Öl hineingeben und Möhre, Pilze und Zwiebel darin unter Rühren bei starker Hitze 3–4 Minuten braten. Herausnehmen und mit je 1 TL Sojasauce und übrigem Sesamöl sowie mit Pfeffer würzen.

4 Die Nudeln nach Packungsanweisung in Wasser garen, in ein Sieb abgießen und abtropfen lassen. Wok säubern, etwas Öl hineingeben und das Fleisch samt Marinade darin bei starker Hitze 3–4 Minuten unter Rühren braten, salzen und pfeffern. Fleisch herausnehmen. Nudeln im Wok mit beiseitegestellter Würzsauce übergießen und unter Rühren bei mittlerer Hitze so lange erhitzen, bis sie die ganze Flüssigkeit aufgesogen haben.

5 Nudeln vom Herd nehmen und Fleisch, Gemüse und Spinat unterheben. Alles auf Schalen verteilen, Omelettstreifen darauflegen und mit Sesam bestreuen, warm oder gekühlt servieren.

MISO-EDAMAME-BOWL

ZUTATEN

FÜR DAS JAPAN-KRAUT

100 g Rotkohl

5 g frischer Ingwer

½ TL Meersalz

50 ml Reisessig

½ EL Zucker

FÜR DIE SAUCE

10 g frischer Ingwer

2 EL Genmai-Miso (s. S. 72)

1 TL Limettensaft

½ TL Chilisauce (z. B. Sriracha)

1 EL geröstetes Sesamöl

Zucker

AUSSERDEM

Sushi-Reis (s. S. 14)

120 g ausgelöste TK-Edamame

Salz

Sprossensalat (s. S. 130)

150 g Lachsfilet mit Haut

Öl zum Braten

Pfeffer

SO GEHT'S

1 Für das Japan-Kraut Rotkohl putzen und den Strunk großzügig wegschneiden. Dann den Kohl in feine Streifen schneiden oder hobeln. Den Ingwer schälen und in Scheiben schneiden. Den Kohl mit Ingwer und ¼ TL Salz mit den Händen kräftig durchkneten, bis er weicher wird (Gummihandschuhe tragen, der Kohl färbt). Den Kohl samt Ingwer in ein ausreichend großes, sauberes Schraubglas füllen. Reisessig, Zucker, übriges Salz und 50 ml Wasser in einem Topf unter Rühren aufkochen, bis der Zucker sich vollständig gelöst hat. Über den Rotkohl gießen und den Kohl gut in die Flüssigkeit drücken. Das Glas verschließen und möglichst noch 4–5 Stunden durchziehen lassen. Das Kraut hält sich so im Kühlschrank gut 2 Wochen.

2 Den Sushi-Reis, wie auf S. 14 beschrieben, zubereiten. Ingwer schälen und möglichst fein hacken. Mit Miso, Limettensaft, Chilisauce, Sesamöl, 1 kräftigen Prise Zucker und 3 EL Wasser zu einer glatten Sauce verrühren.

3 Die Edamame in kochendem Salzwasser ca. 10 Minuten zugedeckt bei mittlerer Hitze garen. In der Zwischenzeit den Sprossensalat, wie auf S. 130 beschrieben, zubereiten.

4 Das Lachsfilet in ca. 1 cm dicke Scheiben schneiden. Anschließend 1–2 EL Öl in einer beschichteten Pfanne erhitzen, darin den Lachs beidseitig je 1–2 Minuten bei mittlerer Hitze garen, nach Geschmack salzen und pfeffern. Die Pfanne vom Herd nehmen und den Lachs kurz darin nachziehen lassen.

5 Den Sushi-Reis auf Schalen verteilen. Edamame in ein Sieb abgießen, kurz mit kaltem Wasser abschrecken, abtropfen lassen, dann auf den Reis geben. Daneben den Sprossensalat verteilen. Zum Schluss den Lachs daraufgeben mit der Sauce servieren.

BIBIMBAP-BOWL

ZUTATEN

FÜR DAS GEMÜSE

1 dicke Möhre
6 Radieschen
100 g Kräuterseitlinge
100 g Baby-Spinat
2 Knoblauchzehen
3 Frühlingszwiebeln
3 EL Sojasauce
Chiliflocken
1½ EL geröstetes Sesamöl
Salz – Pfeffer
1 EL Reis- oder Weißweinessig
Zucker
3 EL Sonnenblumenöl

FÜR DIE MISO-SAUCE

2 EL Genmai-Miso (s. S. 72)
½ TL Chilisauce (z. B. Sriracha)
1 EL Sesamöl – Zucker

AUSSERDEM

Reis (s. S. 12)
2 Eier
Kimchi (s. S. 22)
1½ EL schwarzer Sesam

SO GEHT'S

1 Die Möhre schälen und mit dem Sparschäler breite Streifen abziehen. Radieschen waschen, putzen und in Scheiben schneiden. Die Pilze säubern, Stiel und Hut jeweils quer in Scheiben schneiden. Spinat waschen, trocken schleudern. Knoblauch schälen und fein hacken, Frühlingszwiebeln waschen, trocken schütteln, den weißen und grünen Teil getrennt in jeweils dünne Ringe schneiden.

2 Möhre mit 1 EL Sojasauce, ⅔ TL Chiliflocken, einem Viertel des Knoblauchs, der Hälfte Zwiebelgrün, ½ EL Sesamöl und etwas Salz mischen und kräftig durchkneten. Radieschen mit Essig, 1 Prise Zucker und einem Viertel des Knoblauchs mischen.

3 In einer Pfanne 1½ EL Sonnenblumenöl erhitzen, die Pilze mit gut einem Viertel des Knoblauchs unter Rühren anbraten, bis sie leicht gebräunt sind. Salzen, pfeffern, vom Herd nehmen und mit gut der Hälfte des übrigen Zwiebelgrüns mischen. Die Pfanne säubern, dann ½ EL Öl darin erhitzen, den übrigen Knoblauch und Spinat hineingeben und unter Rühren anbraten. Mit 2 EL Sojasauce und 3 EL Wasser ablöschen und bei mittlerer Hitze 2–3 Minuten bissfest garen, vom Herd nehmen, übriges Sesamöl und etwas Zwiebelgrün unterrühren. Das Gemüse ziehen lassen – ideal ist 1 Stunde, ansonsten bis der Reis gegart ist.

4 Reis, wie auf S. 12 beschrieben, garen. Miso-Paste mit Chilisauce, Sesamöl, 3 EL Wasser und 1 Prise Zucker zu einer Sauce verrühren. 1 TL weiße Zwiebelringe fein hacken und unterrühren.

5 Den gegarten Reis gegebenenfalls abgießen und warm halten. Übriges Sonnenblumenöl in einer beschichteten Pfanne erhitzen. Eier zu Spiegeleiern braten; das Eigelb sollte aber noch möglichst flüssig bleiben. Salzen und pfeffern.

6 Zum Servieren Reis auf Schalen verteilen, Sauce in die Mitte vom Reis geben, darauf das Ei legen. Die einzelnen Gemüse und Kimchi rings um das Ei nebeneinander anordnen. Alles mit Sesam und den übrigen Zwiebelringen bestreuen.

HOT-TOFU-BOWL

ZUTATEN

FÜR DEN TOFU

200 g Tofu – 1 Knoblauchzehe

1 EL Ahornsirup – 1 ½ EL Sojasauce

3 EL Barbecue-Sauce (Fertigprodukt)

FÜR DEN SPROSSENSALAT

1 große Möhre

50 g Sprossenmischung (Alfalfa-, Radieschensprossen)

1 EL Sesam

3 EL Mandarinensaft

1 EL Reis- oder Weißweinessig

je 1 EL Sojasauce + Sesamöl

FÜR DEN MANGOLD

350 g (bunter) Mangold

1 Knoblauchzehe

10 g frischer Ingwer

1 rote Chilischote

2 EL Sojasauce

150 ml Gemüsebrühe

AUSSERDEM

Naturreis (s. S. 12)

1 kleine Dose Kidney-Bohnen (ca. 140 g Füllgewicht)

Sonnenblumenöl zum Braten

SO GEHT'S

1 Tofu aus der Packung nehmen und zwischen Küchenpapier gut ausdrücken. Reichlich Öl in einer beschichteten Pfanne erhitzen und den Tofu darin knusprig braun braten. Aus der Pfanne nehmen und auf Küchenpapier abtropfen lassen. Öl bis auf einen kleinen Rest aus der Pfanne gießen. Knoblauch schälen, hineinpressen und bei mittlerer Hitze andünsten. Ahornsirup, Soja- und Barbecue-Sauce sowie 100 ml Wasser zugeben. Verrühren und bei mittlerer Hitze sirupartig dick einkochen lassen. Den Tofu in der Pfanne 2–3 Minuten unter Wenden glasieren. Die Bratflüssigkeit sollte am Ende klebrig dick eingekocht sein und den Tofu schön glänzend überziehen.

2 Den Reis, wie auf S. 12 beschrieben, zubereiten. Kidney-Bohnen in ein Sieb geben, kalt abbrausen und abtropfen lassen.

3 Für den Sprossensalat Möhre waschen, schälen und in feine Stifte (Julienne) schneiden oder hobeln. Sprossen in ein Sieb geben, gut abbrausen und abtropfen lassen bzw. trocken tupfen. Sesam in einer Pfanne ohne Fett rösten, bis er duftet und knistert, dann abkühlen lassen. Mandarinensaft, Essig, Sojasauce und Sesamöl verrühren. Die Möhre darin marinieren.

4 Den Mangold waschen und putzen. Die Stiele in ca. 5 mm breite Streifen, die Blätter in 1–2 cm breite Streifen schneiden. Knoblauch und Ingwer schälen und fein würfeln. Chilischote fein hacken, die Kerne entfernen. Öl in einer beschichteten Pfanne erhitzen, Stiele darin mit Knoblauch, Ingwer und gehackter Chilischote bei starker Hitze unter Rühren anbraten. Mit Sojasauce und Brühe ablöschen. 3–5 Minuten bei mittlerer Hitze garen, dann die Blätter zugeben und unter Rühren zusammenfallen lassen. Vom Herd nehmen und warm halten.

4 Sprossen und Sesam mit den Möhren mischen. Reis auf Schalen verteilen, Sprossensalat, Mangold und den Tofu daraufgeben.

MATRJOSCHKA-BOWL

ZUTATEN

FÜR DEN KOHL

250 g Weißkohl

1 kleine Zwiebel

1 EL Sonnenblumenöl

⅓ TL Kümmelsamen

Salz – Pfeffer

FÜR DEN MEERRETTICH-SCHMAND

120 g Schmand

1 TL Meerrettich (aus dem Glas)

1 Bund Schnittlauch

Salz – Pfeffer

FÜR DIE PILZE

200 g braune Champignons

1 Schalotte

2 EL Sonnenblumenöl

Salz – Pfeffer

1 EL Butter

AUSSERDEM

Rote Bete - Schnelle Pickles (s. S. 17)

120 g Buchweizenbulgur

SO GEHT'S

1 Rote-Bete-Pickles, wie auf S. 17 beschrieben, zubereiten und ziehen lassen. Inzwischen Bulgur nach Packungsangabe zubereiten und ausquellen lassen.

2 Kohl waschen, Strunk keilförmig herausschneiden und den Kohl in schmale Streifen schneiden. Zwiebel schälen, längs halbieren und in feine Streifen schneiden. Öl in einem Topf erhitzen, darin die Zwiebel goldgelb andünsten. Kohl zugeben und unter Rühren braten, bis er leicht zu bräunen beginnt. Mit Kümmel, Salz und Pfeffer würzen und 5 EL Wasser zugeben. Zugedeckt ca. 5 Minuten bei mittlerer Hitze gar dünsten.

3 Währenddessen Schmand mit Meerrettich glatt rühren. Den Schnittlauch waschen und in Röllchen schneiden. Die Hälfte davon beiseitelegen, die andere Hälfte unter den Schmand rühren. Mit Salz und Pfeffer würzen.

4 Pilze sauber reiben und in dicke Scheiben schneiden. Schalotte schälen und in Ringe schneiden. Öl in einer beschichteten Pfanne erhitzen, die Pilze bei starker Hitze unter Rühren 3–4 Minuten anbraten, bis sie leicht bräunen, dabei zwischendurch salzen und pfeffern. Schalotte und Butter zugeben und alles bei mittlerer Hitze weitere 2–3 Minuten fertig garen.

5 Buchweizenbulgur in Schalen verteilen, darauf den Kohl und die Pilze geben, daneben marinierte Rote Bete und den Schmand platzieren. Mit dem übrigen Schnittlauch bestreuen.

COLORS-OF-ASIA-BOWL

ZUTATEN

FÜR DEN ROTKOHLSALAT

150 g Rotkohl

Salz

Saft von 1 Limette

10 g frischer Ingwer

½–1 TL brauner Zucker

Pfeffer

FÜR DIE KORIANDERCREME

½ Bund Koriandergrün

½ Knoblauchzehe

200 g Seidentofu

4 EL Olivenöl

2 EL Limettensaft

Salz – Pfeffer

AUSSERDEM

gegrillte Süßkartoffel (s. S. 19)

Basmatireis (s. S. 12)

1 Möhre

1 gelbe Paprika

2 Msp. Chiliflocken

1 Handvoll Korianderblättchen zum Bestreuen

SO GEHT'S

1 Rotkohl waschen, Strunk keilförmig wegschneiden und den Kohl in dünne Streifen schneiden. Mit 1 kräftigen Prise Salz und 2 EL Limettensaft gut mit den Händen durchkneten, bis er schön weich ist (dazu Gummihandschuhe tragen, der Kohl färbt ab!). Ingwer schälen und winzig klein würfeln. Mit dem übrigen Limettensaft und Zucker verrühren, bis sich der Zucker vollständig aufgelöst hat. Mit Salz und Pfeffer würzen, dann mit dem Rotkohl vermischen und ziehen lassen.

2 Den Reis, wie auf S. 12 beschrieben, zubereiten und warm halten. Inzwischen die Süßkartoffeln garen, auf Holzspieße stecken und grillen (s. S. 19). Möhre schälen und grob raspeln, Paprika halbieren, putzen, waschen und in schmale Streifen schneiden.

3 Für die Koriandercreme Koriandergrün waschen, gut trocken schütteln und die Blättchen abzupfen. Knoblauch schälen und durchpressen. Mit dem Seidentofu, Koriandergrün, Öl und Limettensaft in einen Rührbecher geben. Mit dem Stabmixer zu einer festen Creme pürieren, salzen und pfeffern.

4 Reis auf Schalen verteilen, darauf die Süßkartoffelspieße geben, daneben Rotkohlsalat, Möhre und Paprika platzieren. Die Koriandercreme in die Mitte geben und mit Chiliflocken bestreuen. Alles mit zerzupften Korianderblättchen bestreuen.

HEALTHY-GOLD-BOWL

ZUTATEN

FÜR DAS DRESSING

1 kleine Knoblauchzehe

1 Bio-Limette

1 TL gemahlener Kurkuma

200 g Seidentofu

3 EL Weißweinessig

4 EL Orangensaft

2 TL Ahornsirup

Salz – Pfeffer

Chilipulver

AUSSERDEM

Quinoa (s. S. 12)

50 g rote Linsen

250 ml Gemüsebrühe

1 Möhre

1 Gelbe Bete

60 g Feldsalat

50 g Alfalfasprossen

Golden Blumenkohl-Pickles (s. S. 23)

2 EL Goji-Beeren (nach Belieben)

SO GEHT'S

1 Quinoa, wie auf S. 12 beschrieben, zubereiten. Währenddessen Knoblauch schälen und fein hacken. Limette heiß waschen, die Hälfte der Schale fein abreiben, den Saft auspressen. Schale und gut die Hälfte Limettensaft mit den übrigen Dressingzutaten in einem Mixer oder Blender fein pürieren. Dressing mit Limettensaft, Salz, Pfeffer und Chilipulver abschmecken.

2 Die Linsen in ein Sieb geben und kalt abbrausen. Gemüsebrühe aufkochen, darin die Linsen zugedeckt bei mittlerer Hitze 10–12 Minuten garen – sie sollten gar sein, aber noch leicht Biss haben und nicht zerfallen. Anschließend in ein Sieb abgießen und abtropfen lassen, dabei die Brühe auffangen.

3 Inzwischen Möhre und Gelbe Bete schälen (Gummihandschuhe dazu tragen, sie färbt), beides getrennt auf der Rohkostreibe in grobe Raspel hobeln. Den Feldsalat waschen, putzen und trocken schleudern. Die Sprossen in einem Sieb kalt abbrausen und gut trocken schütteln.

4 Die Quinoa auf Schalen verteilen, darauf die Gelbe Bete, Möhre, Salat, Sprossen, Golden-Blumenkohl-Pickles und Linsen anordnen. 2–3 EL Gemüsebrühe unter das Dressing rühren und zu der Bowl servieren. Nach Wunsch mit Goji-Beeren bestreuen.

MUNG-DAL-BOWL

ZUTATEN

FÜR DAS CURRY

80 g getrocknete Mungbohnen

250 ml Gemüsebrühe

1 Zwiebel

1 Knoblauchzehe

2 EL Sonnenblumenöl

½ TL Kreuzkümmelsamen

1 TL indische Currypaste

200 g stückige Tomaten (aus der Dose)

Salz – Pfeffer

2 EL gehacktes Koriandergrün

AUSSERDEM

Grünkohl-Chips (s. S. 21)

Quinoa (s. S. 12)

Salz

gebratene Süßkartoffeln (s. S. 18)

60 g Baby-Spinat

SO GEHT'S

1 Mungbohnen mit reichlich Wasser zugedeckt über Nacht einweichen lassen. Am nächsten Tag in ein Sieb abgießen und kalt abbrausen. Die Grünkohl-Chips, wie auf S. 21 beschrieben, zubereiten. Gemüsebrühe aufkochen und die Mungobohnen darin zugedeckt 15–20 Minuten garen – die Bohnen sollten noch etwas Biss haben und nicht breiig werden. In ein Sieb abgießen, dabei die Brühe auffangen. Die Quinoa, wie auf S. 12 beschrieben, zubereiten.

2 Zwiebel und Knoblauch schälen und klein würfeln. Sonnenblumenöl in einem Topf erhitzen und Zwiebel und Knoblauch darin andünsten. Kreuzkümmel zugeben und rösten, bis er duftet. Currypaste zugeben und unter Rühren kurz mitdünsten. Tomaten hineingeben, salzen, pfeffern und bei mittlerer Hitze 20 Minuten offen einkochen lassen. Mungbohnen zugeben und 10–15 Minuten darin garen, eventuell etwas von der Brühe angießen. Am Ende Koriandergrün unterrühren.

3 Parallel die Süßkartoffeln, wie auf Seite 18 beschrieben, zubereiten. Den Spinat verlesen, waschen und trocken schleudern.

4 Quinoa auf Schalen verteilen, Mungbohnen-Curry, Spinat, Süßkartoffeln und Grünkohl-Chips darauf verteilen.

REGISTER

ÜBER DIE AUTORIN

Tanja Dusy fühlt sich am wohlsten, wenn es in der Küche richtig rundgeht. Sie schreibt seit über 20 Jahren erfolgreich Kochbücher und war lange Zeit als Redakteurin tätig. Als Küchenprofi entwickelt sie Rezepte, die nicht nur verlässlich gelingen, sondern auch das besondere Etwas haben.

IMPRESSUM

Bibliografische Information der Deutschen Bibliothek.

Die Deutsche Bibliothek verzeichnet diese Publikation in der Deutschen Nationalbibliografie.

Detaillierte bibliografische Daten sind im Internet über http://www.dnb.de/ abrufbar.

EIN BUCH DER EDITION MICHAEL FISCHER

1. Auflage 2019

Covergestaltung und Layout: Bernadett Linseisen

Satz: Jelena Majstorovic

Projektleitung und Lektorat: Alexandra Baier

Bildnachweis: Nadja Buchczik, Bielefeld: IHV, S.2, 4, 12, 13, 15, 23, 24, 25, 26, 27, 29, 33, 35, 37, 39, 43, 45, 47, 49, 51, 85, 89, 97, 99, 101, 103, 105, 107, 109, 113, 115, 117, 119, 121, 137

Klaus-Maria Einwanger, Rosenheim: IHV, S.2, 4, 6, 7. 8, 9, 10, 11, 17, 18, 19, 20, 21, 22, 23, 31, 41, 52, 53, 57, 59, 61, 63, 65, 67, 69, 71, 73, 75, 77, 78, 79, 81, 83, 87, 91, 93, 95, 110, 111, 123, 125, 127, 129, 131, 133, 135, 139

Foodstyling: Anton Enns, Bielefeld: S.2, 4, 12, 13, 15, 23, 24, 25, 26, 27, 29, 33, 35, 37, 39, 43, 45, 47, 49, 51, 85, 89, 97, 99, 101, 103, 105, 107, 109, 113, 115, 117, 119, 121, 137

ISBN 978-3-96093-498-1

Gedruckt bei Polygraf Print, Čapajevova 44, 08001 Prešov, Slowakei

www.emf-verlag.de